Heinz Artzt

MÖRDER IN UNIFORM

Heinz Artzt

Mörder in Uniform

Organisationen, die zu Vollstreckern nationalsozialistischer Verbrechen wurden

Mit einem Vorwort
von
Gert Bastian

verlegt bei Kindler

Redaktion: Ulrike Riemer
Korrekturen: Volker Fehrenbach
Umschlaggestaltung: Hans Numberger
Satzherstellung: Otto Gutfreund & Sohn, Darmstadt
Druck und Bindearbeit: Welsermühl, Wels
Printed in Austria

ISBN 3-463-00766-5

INHALT

ZWEITER TEIL

Einsatz und Aufgaben im Krieg

1939–1945

DRITTER TEIL
Anhang

Vorwort

Dieses Buch handelt von Mördern, die Deutsche gewesen sind und deutsche Uniformen getragen haben. Doch wer es in der Vorstellung zur Hand nimmt, den deutschen Soldaten des letzten Krieges schlechthin als Mörder angeschuldigt zu finden, wird sich nicht bestätigt sehen.
Denn das Buch klagt nicht diejenigen an, die als Soldaten der deutschen Wehrmacht mit der Überzeugung in den Krieg gezogen sind, das bedrohte Vaterland gegen eine Welt von Feinden verteidigen zu müssen, während sie doch in Wahrheit für Angriffskriege mißbraucht wurden und lediglich für die Vergewaltigung anderer Völker stritten, litten und zu Millionen starben.
Auch von den in der Ausnahmesituation des Krieges Entratenen ist nicht die Rede, die in der Unmenschlichkeit des Geschehens selbst zu Unmenschen wurden, ebensowenig von den im Bodensatz jeder Armee unvermeidlichen Übeltätern, die in der entfesselten Gewalt einen Freibrief für Schandtaten sahen.
Dieses Buch handelt vielmehr von Deutschen in den Uniformen des Dritten Reiches, denen der Wahnsinn des Regimes die Vernichtung ganzer Völkerschaften aufgetragen hatte. Und es beschreibt die Mordindustrie Hitlers, in deren zweckmäßig errichteten, sorgfältig aufeinander abgestimmten Fabriken und Außenwerken diese Unseligen ihr menschenverachtendes Werk verrichteten.
Manche gewiß nur widerstrebend, nur aus Angst gehorchend; viele jedoch auch mit fanatischer Bereitwilligkeit;

die meisten wohl mit eben der gedanken- und gnadenlosen Selbstverständlichkeit, die beinahe noch schwerer zu begreifen ist als Unterwerfung und Haß.
Denn solch bürokratisch-korrekter Diensteifer hat mehr als alles andere dazu beigetragen, daß deutsche Gründlichkeit, deutsches Streben nach Perfektion und Effizienz dieser kaltblütigsten Menschenvernichtung aller Zeiten zu traurigen Rekorden verhalfen.
Abermillionen Tote zumeist der osteuropäischen Völker, darunter allein etwa 6 Millionen ermordete Juden – fast alle nicht bei Kampfhandlungen ums Leben gekommen, sondern wie Ungeziefer vom Erdboden getilgt. Dazu über 3 Millionen in deutschem Gewahrsam umgekommene sowjetische Kriegsgefangene. Sind solche Zahlen überhaupt noch faßbar? Ist das mit ihnen verknüpfte Maß an Schuld und Leid überhaupt jemals in das Bewußtsein der Deutschen gedrungen? Derselben Deutschen, die heute soviel besser, üppiger und bequemer leben als die aus ihrer Gewalt Befreiten?
Bei den wenigen gewiß, die Hitler durchschaut und sich ihm versagt hatten oder die – rechtzeitig emigriert – nach dem Zusammenbruch der Diktatur zurückkamen, um beim Aufbau eines neuen, menschlicheren Deutschland nicht ausgeschlossen zu bleiben.
Wohl auch bei den vielen, die erst nach der Katastrophe erkannten, wem sie vertraut und gedient hatten; die nun begriffen, wie schrecklich sie in ihrem Glauben an den Führer getäuscht, in ihrer Vaterlandsliebe und Gefolgstreue verraten worden waren.
Doch die Selbstbesinnung eines ganzen, aus blindem Wahn erwachten Volkes, hat es sie wirklich gegeben? Und wenn, hat sie die Jahrzehnte des Aufschwungs, hat sie Wohlstand und wirtschaftliche Vormacht überdauert? Man möchte es nur zu gerne glauben, aber manches setzt Zweifel.
Da ist – noch oder schon wieder – das Rabaukentum der Rechtsradikalen, die in Gruppen und Grüppchen übers

Land verteilt nahezu ungehindert ihr Unwesen treiben, den Mord an den Juden ungestraft einen »widerwärtigen Vergasungsschwindel« nennen und die Opfer des Widerstandes gegen Hitler schmähen, ohne von einer Welle der Empörung hinweggefegt zu werden, obwohl es doch einmal die Hoffnung der Überlebenden gewesen war, daß Scham, Abscheu und die Dankbarkeit, noch einmal davongekommen zu sein, die Rattenlöcher in Zukunft verschlossen halten würden.

Da gibt es einen schon manischen Antisowjetismus, in dem sich Nachwirkungen Goebbelscher Völkerhetze, Unkenntnis geschichtlicher Tatsachen und Erlebtes oder Gehörtes mit phantastischen Vorstellungen vom Weltkommunismus und verdrängten Schuldgefühlen zu beachtlicher Voreingenommenheit verdichtet haben. Zu einer Voreingenommenheit, die auf jeden Versuch, der Sowjetunion vorurteilsfrei zu begegnen und ihre Befürchtungen ebenfalls zur Kenntnis zu nehmen, mit äußerster Gereiztheit reagieren und ihn sogleich polemisch als Kapitulation diffamieren.

Unübersehbar auch die satte Gleichgültigkeit derer, die nurmehr der Gegenwart leben wollen, die alles vergessen und verdrängt haben, was Deutschland in den Abgrund geführt hat; die ihren Kindern nichts gesagt und nichts erklärt haben, weil sie die Vergangenheit für so tot und begraben hielten wie die Opfer. Sie zeigen sich betroffen oder verständnislos, wenn diese Vergangenheit dann doch urplötzlich in die Gegenwart drängt mit dem Anspruch, endlich auch in Deutschland angenommen zu werden, Wegweiser sein zu können in eine menschlichere Zukunft.

Und schließlich sind da die vielen nach dem Kriege Geborenen, die nur wenig von den Verbrechen des Dritten Reiches wissen und das wenige kaum zu fassen, erst recht nicht zu begreifen vermögen. Sie fühlen sich zurecht schuldlos und können dennoch der Geschichte ihres Volkes nicht entfliehen. Auch da nicht, wo diese Geschichte zur Last auf der Seele der Nation geworden ist.

Nicht lange mehr wird es dauern, und allein diese jetzt noch Fragenden werden das Bild unserer Gesellschaft prägen, vielleicht ohne je Gelegenheit gehabt zu haben, aus den Fehlern und Irrtümern der Älteren zu lernen.
Dieser Generation Rede und Antwort zu stehen ist daher die oft versäumte Pflicht der Älteren. Ist die Pflicht der Schriftsteller und Verleger, der Filmemacher und Meinungsbildner in Rundfunk und Fernsehen.
Doch wieviel auch über Aufstieg und Fall des Dritten Reiches berichtet worden ist; die ungeschminkte Wahrheit tritt nur selten zu Tage.
Gewiß gibt es Tatsachenberichte und Dokumentationen. Aber erreichen sie mit ihren oft langatmigen Darstellungen die Leser wirklich? Verstauben sie nicht viel zu oft, meist mit Mitteln öffentlicher Förderung als Alibi für die Bildungsarbeit des Staates beschafft, in irgendwelchen Regalen?
Da hat es die Entschuldigungsliteratur der ehemals Großen schon leichter, die sich als Nachweis kritischer Distanz zum Gestern weit größerer Beliebtheit erfreut. Nicht zu reden von der Unzahl beschönigender und verklärender Berichte über Schlachten und Siege der deutschen Wehrmacht, vom gnadenlosen Ansturm aus dem Osten, vom Leiden der Deutschen im Bombenkrieg, auf der großen Flucht und bei der Vertreibung. Sie werden von Alt und Jung verschlungen und füllen noch immer auch die Spalten vieler Illustrierten.
Solche Berichte dienen, von Ausnahmen abgesehen, weder der Selbstbesinnung noch der vollständigen Information. Aber sie kommen dem Bedürfnis eines in seiner Selbstachtung tief verwundeten Volkes entgegen, auch auf eigene Leiden hinweisen und auf Taten stolz sein zu können, deren Glanz von Hitlers Verbrechen nicht verdunkelt zu sein scheint.
Was macht es da schon aus, daß doch nichts, auch keine eindrucksvolle Waffentat, losgelöst vom Hintergrund der

Ziele und Auswirkungen bewertet werden kann; daß deshalb meist die falschen Namen und Taten genannt werden, während die entscheidenden Ereignisse der Epoche ebenso dem Vergessen überantwortet bleiben wie die für ein humaneres Deutschland Gestorbenen – angefangen von Karl Liebknecht und Rosa Luxemburg über Carl von Ossietzky und die Geschwister Scholl bis hin zu Wilhelm Leuschner und Graf Stauffenberg.

Ist es da erstaunlich, wenn sich ein Bewußtsein zu bilden scheint, das die Vergangenheit als Mathematikaufgabe begreift, mit der begangenes Unrecht gegen Erlittenes aufgerechnet werden kann? Der Überfall im Frieden gegen Besetzung und Teilung am Ende des verlorenen Krieges; die Unterwerfung und Teilung der zuerst Überrannten gegen den späteren Verlust eigenen Territoriums; die Verwüstung der Länder im Osten und die blutige Unterdrückung ihrer Völker gegen die Greuel an deutschen Menschen beim Rückschlag des Pendels.

Als ob nicht das eine das andere erst möglich gemacht hätte! Als ob ein Unrecht durch ein anderes entschuldigt werden könnte!

Wie weit mag es da noch sein bis zur nachträglichen Rechtfertigung des Krieges im Osten, bis zu seiner Verklärung als einer Art europäischen Kreuzzuges zur Rettung des Abendlandes vor drohender Bolschewisierung? Eine Legende, an der nicht zuletzt die Traditionsverbände der Waffen SS mit Eifer weben, weit davon entfernt, das Ärgernis ihrer Existenz zu begreifen und durch taktvolle Zurückhaltung erträglicher zu machen.

Solcher Legendenbildung will dies Buch entgegenwirken. Damit beantwortet sich die Frage nach dem »wozu« von selbst.

Sie wird dennoch gestellt werden, und der Vorwurf der »Nestbeschmutzung« wird dabei nicht fehlen. Mit ihm hat sich in Deutschland ohnehin noch jeder abfinden müssen, der die dunklen Strecken deutscher Geschichte auszu-

leuchten wagte, um Ursachen und Wirkungen als Mahnung und Hilfe für die Lebenden sichtbar zu machen.
Auch die nie verstummten Fragen, vor allem der Jüngeren, wie es zu all dem hat kommen können, wie Menschen derartiges mitmachen mochten, werden durch dieses Buch neu belebt werden.
Zwar sind auch hierauf schon viele Antworten gegeben worden, von Berufenen und oft auch Unberufenen, aber Vielfalt und Widersprüchlichkeit der Meinungen haben oft nur neue Ratlosigkeit, neues Unverständnis bewirkt; haben vor allem nicht genügend deutlich werden lassen, daß Aufstieg und Entartung des Dritten Reiches eben nicht lediglich als Amoklauf eines durch Versailles, Inflation und Wirtschaftskrise entnervten Volkes erklärt werden dürfen, weil der Weg in den Abgrund ebensosehr das Ergebnis einer geistig-moralischen Fehlentwicklung in diesem Jahrhundert gewesen ist, einer Anbetung der falschen Götter, Helden und Propheten und der blindwütigen Begeisterung für die falschen Werte.
Selten ist auch ausgesprochen worden, was doch jeder weiß, der in Hitlers Reich gelebt hat: Daß nur wenige reinen Herzens behaupten dürfen, sie hätten nicht auch zu den Mördern in Uniform zählen können, wenn Zufall oder Verblendung sie an die Fließbänder des Todes geführt hätten. Daß der irrationale, wahnhafte Glaube an die Unfehlbarkeit des Führers bis weit in den Krieg hinein fast alle zu allem bereit gemacht hat, was als unabdingbar für Glück und Zukunft der Nation ausgegeben wurde.
Sich dessen bewußt zu sein heißt nicht, die Generalamnestie für die Schuldiggewordenen wünschen. Vielmehr sollte dieses Bewußtsein zu der Erkenntnis führen, nicht durch eigenes Verdienst, sondern durch Glück und Umstände vor ähnlicher Schuld bewahrt geblieben zu sein. Und zu der Entschlossenheit, sich niemals wieder zu ähnlich kritikloser Unterwerfung bereit zu finden; nichts mehr von all dem zu dulden, was damals den Boden bereitet hat. Nicht die

Verführung der Jugend und nicht die Verteufelung anderer! Weder die Mißachtung von Recht und Völkerrecht, noch die Lüge von der Unversöhnlichkeit der Gegensätze zwischen Rassen, Religionen und Weltanschauungen!
Diese Entschlossenheit muß das Gesicht der Bundesrepublik Deutschland prägen, damit es sympathische Züge behält; sie muß verhindern, daß Selbstgerechtigkeit, Hoffahrt und Ignoranz die Züge dieses Gesichts jemals wieder in menschenverachtender Kälte erstarren lassen.
Man möchte dies gern für undenkbar halten, doch wie las man es eben erst in der Zeitung? »Wir folgen unserem Parteivorsitzenden überallhin, gleich wohin er geht« verkündete ein Ortsverband einer großen Partei und signalisierte damit unverbrüchliche Treue. Als ob die Erinnerung an das Schlimme solch blinder Gefolgschaft schon verblaßt wäre!

Juni 1979

Gert Bastian
Generalmajor

ERSTER TEIL

Der Aufbau der Organisationen 1933 – 1939

Die NSDAP
(Nationalsozialistische Deutsche Arbeiterpartei)

Am 5. Januar 1919 war in München als eine von vielen unbedeutenden politischen Gruppierungen die »Deutsche Arbeiterpartei« gegründet worden. Adolf Hitler, geboren am 20. April 1889 in Braunau (Oberösterreich), hatte als Freiwilliger am Ersten Weltkrieg teilgenommen und war als Gefreiter 1918 zum Bezirkskommando München I entlassen worden. Die Revolution vom November 1918 – das »Novemberverbrechen« – gab subjektiv den Anstoß zu seinem Entschluß, sich der Politik zuzuwenden. Er stieß als siebentes Mitglied zur »Deutschen Arbeiterpartei«, übernahm bald eine führende Rolle und taufte die Partei in »Nationalsozialistische Deutsche Arbeiterpartei« um. Am 24. Februar 1920 trat Hitler zum ersten Mal in einer großen Versammlung im Festsaal des Münchner Hofbräuhauses vor die Öffentlichkeit und entwickelte das Programm seiner »Bewegung«, die nicht nur die NSDAP, sondern auch eine ganze Reihe von angegliederten Organisationen wie politische Kampfverbände und berufsständische Vereinigungen umfassen und in der nach nationalsozialistischer Auffassung das Lebensgesetz und der geschichtliche Auftrag des deutschen Volkes sichtbar werden sollte. Nach Hitlers Plan sollte die »Bewegung« der Baustein für ein neu zu schaffendes Reich sein. Er selbst sagte später: »Wir sind eine Bewegung. Nichts drückt besser unser Wesen aus.« In diesem Totalitätsanspruch kündigte sich das Hinauswachsen über die Grenzen einer bloßen politischen Partei bereits an.
Am 29. Juli 1921 übernahm Hitler formell den Vorsitz der Partei, der nun auch der »Deutsche Kampfbund« sowie die Bünde »Oberland« und »Reichskriegsflagge« angehörten. Mit ihrer Unterstützung unternahm Hitler zusammen mit General Ludendorff am 8./9. November 1923 in München

den Versuch, die Bayerische Staatsregierung und danach die Reichsregierung zu stürzen. Der Putsch mißglückte: Die NSDAP wurde aufgelöst und verboten, Hitler im April 1924 wegen Hochverrats zu fünf Jahren Festungshaft verurteilt, nach sechs Monaten jedoch auf Bewährung entlassen. Während seiner Haftzeit in Landsberg hatte er seine autobiographische politische Rechtfertigungsschrift *Mein Kampf* geschrieben, die bereits eine Darstellung seiner antisemitischen Weltanschauung enthielt. Das Buch erreichte schnell Höchstauflagen.

Am 27. Februar 1925 gründete Hitler die NSDAP neu. Ende 1925 zählte die Partei 27 000 Mitglieder, vier Jahre später, 1929, bereits 176 000. 1931 betrug die Zahl der Parteigenossen 806 000, und im Jahre 1933 stieg sie auf 3,9 Millionen. Am 1. Mai 1933 wurde eine Mitgliedersperre verfügt, die erst am 30. April 1937 wieder aufgehoben wurde. Die Aufwärtsentwicklung der Partei spiegelte sich auch bei den Reichstagswahlen wider. 1928 konnte die NSDAP nur zwölf Mandate von insgesamt 491 erringen, doch schon nach den Reichstagswahlen vom 14. September 1930 stellte sie 107 von 577 Abgeordneten und war damit zweitstärkste Partei.

Als 1932 Neuwahlen für das Amt des Reichspräsidenten ausgeschrieben wurden, wollte Hitler kandidieren, um auf diesem Weg direkt an die Macht zu gelangen. Da er jedoch inzwischen staatenlos geworden war – am 30. April 1925 hatte er auf eigenen Antrag die österreichische Staatsbürgerschaft abgelegt –, mußte er zuerst die Rechte eines deutschen Staatsbürgers erwerben. Dabei leistete die Braunschweigische Landesregierung, in deren Kabinett der Nationalsozialist Dietrich Klagges Innen- und Volksbildungsminister war, Hilfestellung, indem sie Hitler zum Regierungsrat mit der Funktion eines Sachbearbeiters bei der Braunschweigischen Gesandtschaft in Berlin ernannte – ein Amt, das er nie ausübte. Aber Hitler konnte sich nun im Frühjahr 1932 als Kandidat für die Reichspräsidentenwahl aufstellen lassen: Er erhielt im zweiten Wahlgang von 36,5 Millionen abgegebenen Stimmen 13,4 Millionen. Reichspräsident wurde Hindenburg. Die NSDAP aber ging aus den Reichstagswahlen vom 31. Juli 1932 mit 230 Abgeordneten (608 insgesamt) als stärkste Fraktion hervor. Die Neuwahlen am 2. November 1932 brachten der Partei zwar einen Rückgang auf 196 Sitze (584 insgesamt), dafür wiesen die Landtagswahlen am 15. Januar 1933 in Lippe-Detmold wieder eine deutliche Aufwärtsbewegung auf. Hitler war eine politische Macht geworden. Am 30. Januar 1933 wurde er nach dem Rücktritt des Kabinetts von Schleicher vom Reichspräsidenten mit der Regierungsbildung beauftragt. Nach den neuen Reichstagswahlen am 5. März 1933 zog die NSDAP mit 288 Abgeordneten (647 insgesamt) in den Reichstag ein. Nachdem Hitler mit Hilfe des am 24. März erlassenen sogenannten Ermächtigungsgesetzes die anderen politischen Parteien aufgelöst hatte, wurde die NSDAP am 1. Dezember 1933 zur alleinigen politischen Organisation des deutschen Volkes erklärt.

Die Reichsleitung der NSDAP, die ihren Sitz in München hatte, setzte sich aus Hitler, seinem Stellvertreter – als solcher wurde am 27. April 1933 Rudolf Heß ernannt – und achtzehn Reichsleitern zusammen. Auf der unteren Ebene gliederte sich die NSDAP in Gaue, Kreise, Ortsgruppen, Zellen und Blocks. Die Politischen Leiter, zu denen Ortsgruppen-, Kreis- und Gauleiter zählten, hatten die Aufgabe, für die weltanschauliche und politische Bildung in der Partei zu sorgen. Sie bildeten zusammen mit den Führern der SS, SA und dem NSKK das Führerkorps der NSDAP. Die Politischen Leiter waren auch in der Reichsleitung der NSDAP vertreten. Der höchste Dienstrang war der des Reichsleiters, der dem Reichsminister auf der staatlichen Seite entsprach.

»Die Partei übernimmt die Funktion der bisherigen Gesellschaft, das ist es, was ich Ihnen klarmachen wollte. Die Partei ist allumfassend. Sie regelt das Dasein in seiner ganzen Breite und Tiefe. Es

NSDAP

Oberhelfer
im Dienstanzug mit Bluse

Die Parteiuniform wurde von allen Politischen Leitern der NSDAP getragen; sie war für die verschiedenen Ebenen gleich, lediglich die Farbe an Mütze und Kragenspiegel wies aus, ob es sich um ein Mitglied der Reichsleitung (violett), der Gauleitung (rot), der Kreisleitung (braun) oder der Ortsgruppe (blau) handelte. Unsere Abbildung zeigt den Leiter einer Hilfsstelle in der Ortsgruppe.

◀ Einmarsch der Politischen Leiter beim Reichsparteitag, mit dem Hitler bis 1938 alljährlich die Allmacht des Nationalsozialismus demonstrierte.

ist daher notwendig, daß wir Gliederungen entwickeln, in denen sich das ganze Eigenleben abspielen muß. Jede Tätigkeit und jedes Bedürfnis jedes Einzelnen wird demnach von der durch die Partei vertretenen Allgemeinheit geregelt. Es gibt keine Willkür mehr, es gibt keine freien Räume, in denen der Einzelne sich selbst gehört.«

So erklärte Hitler in seinen Gesprächen mit dem Präsidenten des Senats der Freien Stadt Danzig, Hermann Rauschning, Sinn und Bedeutung der Partei.
Auf dieses Ziel war die Organisation der NSDAP von Anfang an abgestellt. Zu ihren Gliederungen gehörten: SA, SS, Hitler-Jugend, NS-Frauenschaft, NSKK, NSD-Studentenbund. Als »Verbände« waren der NSDAP »angeschlossen« die Deutsche Arbeitsfront, der NSD-Ärzte-Bund, der NS-Rechtswahrerbund, der NS-Lehrerbund, der Reichsbund der Deutschen Beamten, die NS-Volkswohlfahrt, der NS-Bund Deutscher Techniker, die NS-Kriegsopferversorgung. Von der Partei betreut wurden die Organisationen Deutscher Gemeindetag, Reichsbund der Kinderreichen und NS-Kulturgemeinde.
Von all diesen Gliederungen gewannen zwei Organisationen als Vollstrecker der Politik des Terrors und der Vernichtung entscheidende Bedeutung: die SA und die SS.

Die SA
(Sturmabteilung)

Am 3. August 1921 unter anderem aus ehemaligen Mitgliedern von Wehrverbänden und Freikorps gegründet, trat die SA am 4. November 1921 zum ersten Male bei einer Versammlung im Hofbräuhaus als Saalschutz auf. Der SA-Mann sollte nach Hitlers Willen den politischen Soldaten und den Ideenträger der nationalsozialistischen Bewegung verkörpern. Demzufolge wurde die SA als eine der Parteileitung unterstellte politische Agitations- und Kampftruppe

erzogen. Die Oberste SA-Führung gliederte sich in folgende Ämter und Abteilungen: Führungs-, Personal-, Gerichts- und Rechts-, Sanitäts- und Verwaltungsamt, Zentral- und Ausbildungsabteilungen.
Die Einheiten der SA waren aufgebaut in Gruppe, Brigade, Standarte, Sturmbann, Sturm, Trupp, Schar, Rotte, SA-Mann.
Jede Gruppe verfügte über aktive Einheiten, in denen die Jahrgänge bis zum 35. Lebensjahr erfaßt waren, und über Reserveeinheiten, die sich aus den älteren Jahrgängen rekrutierten. Daneben wurden noch besondere Abteilungen, wie Reiter-, Marine-, Pionier-, Nachrichten- und Sanitätseinheiten, aufgestellt.
Nach dem mißglückten Putsch vom November 1923 wurde die SA ebenso wie die NSDAP verboten. Als Hitler im Frühjahr 1925 begann, die Partei neu aufzubauen, gewann er den Hauptmann Ernst Röhm für die Reorganisation der SA. Da Röhm jedoch die Unabhängigkeit der SA von der Parteileitung anstrebte – sie sollte die Partei nur »militärisch« unterstützen –, schied er am 1. Mai 1925 zunächst aus der SA-Führung aus. So blieben von der SA nur lokale Gruppen bestehen, die ohne zentrale Führung kein zuverlässiges Instrument mehr darstellten. Erst am 1. November 1926 wurde unter Hauptmann Pfeffer von Salomon wieder eine Oberste SA-Führung geschaffen und die SA zentral reorganisiert. 1930 kam es zum Bruch zwischen Hitler und Pfeffer; Hitler übernahm selbst die Oberste Führung und setzte 1931 Röhm erneut als Stabschef ein. Nach dessen Ermordung am 30. Juni 1934 folgte in diesem Amt Viktor Lutze, der 1923 als Führer der »Kameradschaft Schill« am Ruhrkampf teilgenommen hatte, dann SA-Führer im Ruhrgebiet und in Hannover und dort 1933 Oberpräsident geworden war. Als Hitler im Januar 1933 Reichskanzler wurde, hatte die SA einen Bestand von ungefähr 300 000 Mann.
Sofort mit Übernahme der Regierungsgewalt am 30. Januar 1933 begannen die neuen Machthaber mit der Verfolgung

ihrer politischen Gegner wie Kommunisten, Sozialdemokraten, Gewerkschaftsfunktionäre und Juden. Am 28. Februar 1933 – dem Tag nach dem Brand des Reichstagsgebäudes – wurden mit der von Hindenburg unterzeichneten »Notverordnung zum Schutze von Volk und Staat« die Grundrechte der Verfassung auf unbestimmte Zeit außer Kraft gesetzt. Das wichtigste Instrument für die Verfolgung der politischen Gegner war die »Schutzhaft« als eine »vorbeugende« Polizeimaßnahme zur Ausschaltung der von »staatsfeindlichen Elementen drohenden Gefahren«. Nun konnte der Gegner ohne gerichtliche Kontrolle willkürlich verhaftet werden.

Die SA wurde zusammen mit der SS, die bis 1934 noch der Obersten SA-Führung unterstellt war, nach der Machtübernahme als sogenannte Hilfspolizei eingesetzt. Die erste Gelegenheit zu einem allgemeinen Straßenterror erhielt sie bei dem am 1. April 1933 im ganzen Reich durchgeführten Boykott der jüdischen Geschäfte. Der *Völkische Beobachter*, das parteieigene Hetzblatt der NSDAP, schrieb hierzu am 3. April 1933:

»Der Boykott vom Sonnabend ist lediglich als eine Generalprobe für eine Reihe von Maßnahmen zu betrachten, die, wenn sich die Meinung der Welt, die im Augenblick gegen uns ist, nicht endgültig ändert, durchgeführt werden.«

Das Bild des jüdischen Rechtsanwalts Dr. Spiegel in München, der sich bei der Polizei über den SA-Terror beschwert hatte und den als Hilfspolizei eingesetzte SA-Leute mit einem Plakat um den Hals, das die Aufschrift trug: »Ich werde mich nie mehr bei der Polizei beschweren«, durch die Straßen führten, ging damals durch die Weltpresse. Der Terror der SA gegen die Juden forderte auch Todesopfer, über deren genaue Zahl es keine Unterlagen gibt. Als Beispiel sei auf einen Eintrag im Tagebuch des damaligen Reichsjustizministers Gürtner vom 10. Mai 1935 verwiesen, der lautete:

»Oberstaatsanwaltschaft Bautzen berichtet über ein Strafverfahren gegen 14 Beschuldigte (alte SA-Angehörige) wegen schwerer

Mißhandlung von Juden. Tat begangen im März 1933. Die Juden, die in Schutzhaft gebracht worden waren, wurden zunächst gezwungen, 2 Pfund fettes Schweinefleisch zu essen und alsdann auf der Fahrt zur tschechischen Grenze, über die sie abgeschoben werden sollten, auf das Unmenschlichste mißhandelt. Infolge der Mißhandlung ist ein Jude gestorben. Anwendung der Amnestie ist mit Rücksicht auf die Art der Ausführung abgelehnt worden. Die Angelegenheit hat hochpolitischen Charakter angenommen. Die tschechische, österreichische und polnische Gesandtschaft haben dem Auswärtigen Amt Verbalnoten zugehen lassen...«

Ein Beispiel für besondere Zivilcourage, derer es in dem neuen Unrechtsstaat bedurfte, um Recht zu sprechen, gab das Schwurgericht Köln mit einem Urteil vom 23. Juni 1939. Es verurteilte SA-Leute, die am 19. Oktober 1933 auf Befehl eines SA-Führers einen angeblichen Kommunisten, der nach einer Haussuchung festgenommen worden war, erschossen hatten. Das Gericht führte aus, der SA-Mann, der geschossen hatte, hätte trotz des ihm gegebenen Befehls wissen müssen, daß es in jedem Fall ein Verbrechen ist, einen Menschen niederzuschießen. Es sei nicht Aufgabe der SA, unter Umgehung von Gericht und Polizei einen Menschen zu töten, ohne ihm die Möglichkeit der Rechtfertigung in einem ordentlichen Verfahren zu geben. Doch solche Fälle blieben leider die Ausnahme.

In der Hauptsache war es neben der noch nicht gleichberechtigten SS die SA, die in den ersten Wochen und Monaten nach der Machtübernahme an zahlreichen Orten des Reiches Konzentrationslager einrichtete. Diese Lager, von denen es etwa fünfzig gab und die man heute als »frühe Konzentrationslager« bezeichnet, befanden sich, um nur einige wenige zu nennen, beispielsweise im Berliner Columbia-Haus, in Colditz (Sachsen), Dachau, Hamburg-Fuhlsbüttel, Oranienburg (bei Berlin), Sonnenburg (Mark Brandenburg). Außerdem richteten einzelne SA-Einheiten für kurze Zeit in leeren Fabrikhallen oder ähnlichen Räumen unkontrolliert sogenannte »wilde Konzentrationslager« ein.

Am 31. Juli 1933 waren im Reichsgebiet 26 789 Personen in »Schutzhaft«. Diese Zahl gibt ein Rundschreiben des Reichsministers des Inneren vom 11. September 1933 an – sie dürfte also zumindest nicht geringer gewesen sein. Zahlreiche Verhaftete fanden in diesen »frühen« oder »wilden« Konzentrationslagern den Tod; anders als bei den späteren, geplanten und systematischen Vernichtungsaktionen wurden sie Opfer individuellen Terrors und brutaler Exzesse, denen allerdings von höherer Stelle kein Riegel vorgeschoben wurde – im Gegenteil.

Etwa bis März 1934 wurden alle diese Lager der SA aufgelöst. An ihre Stelle traten große, unter der Aufsicht der »Inspektion der Konzentrationslager« und ab 1942 des »SS-Wirtschaftsverwaltungshauptamtes« stehende Lager. Von den früheren KZ's blieben lediglich Oranienburg und Dachau bestehen, wurden jedoch der SS unterstellt und, vor allem Dachau, erheblich ausgebaut.

Die beherrschende Stellung der SA und ihre Rivalität zur Reichswehr führte im Frühjahr 1934 zu ernsten Auseinandersetzungen zwischen Hitler und Röhm. Hitler entschied sich für die Reichswehr und ihre Generale und ließ – unterstützt von Göring und Himmler – Röhm unter dem Vorwand, er habe eine Revolte geplant, am 30. Juni 1934 zusammen mit zahlreichen anderen höheren SA-Führern erschießen. Damit war die Machtposition der SA gebrochen.

Im November 1938 erhielt sie jedoch, neben der SS, noch einmal Gelegenheit, sich als Darsteller »spontanen Volkszorns« zu präsentieren, Synagogen zu demolieren oder in Brand zu stecken, jüdische Geschäfte und Wohnungen zu plündern, zahlreiche Juden festzunehmen, zu mißhandeln und auch zu töten. Die Ermordung des in Paris an der Deutschen Botschaft tätigen Legationsrates von Rath am 7. November 1938 durch den siebzehnjährigen jüdischen Emigranten Herszel Grynszpan bot den willkommenen Anlaß zu diesem in der Nacht vom 9. zum 10. November 1938 inszenierten Pogrom. Erhalten gebliebene Dokumente beweisen, daß dieser »spontane Volkszorn« befohlen, organisiert und zentral gelenkt wurde. Sein Ergebnis war nach einem Bericht Heydrichs an Göring die Festnahme von ca. 20 000 Juden, waren 36 schwer Verletzte, und 35 Tote. 500 jüdische Geschäfte wurden verwüstet, 177 Synagogen durch Brand zerstört oder demoliert. Sachschaden, Inventar- und Warenschaden wurden von Heydrich auf mehrere hundert Millionen Mark geschätzt. Der Berliner Volksmund soll es gewesen sein, der diesem Pogrom in Anspielung auf die zahlreichen zertrümmerten Schaufensterscheiben jüdischer Geschäfte den Namen »Kristallnacht« oder »Reichskristallnacht« gegeben hat. Grynszpan hatte mit seinem Attentat die Welt auf die erste große Deportation von Juden nach Polen aufmerksam machen wollen. Fünfzehntausend jüdische Männer, Frauen und Kinder hatte man verhaftet und am 29. Oktober 1938 an die polnische Grenze gebracht, über die sie die SS ins Niemandsland trieb, bis die überraschten Polen sie in einem geschlossenen Lager aufnahmen. Zu den Betroffenen gehörten auch die Eltern und Geschwister Herszel Grynszpans. Anlaß für diese Austreibung war ein polnisches Gesetz, das vielen Tausenden von Polen, die in Deutschland ständig ansässig waren, die polnische Staatsbürgerschaft mit Wirkung vom 30. Oktober 1938 aberkennen sollte. Bevor es in Kraft treten konnte, hatte das Dritte Reich sich der betroffenen polnischen Juden entledigt.

Die SS
(Schutzstaffel)

Bereits im März 1923 hatte sich Hitler zu seinem persönlichen Schutz eine »Stabswache«, die er dann im Mai zum »Stoßtrupp Hitler« erweitern ließ, geschaffen. Nach dem mißglückten Putsch vom 9. November 1923 wurde zwar die Partei verboten und die SA aufgelöst, aber der »Stoßtrupp

Deutsche!
Wehret Euch!
Kauft nicht bei Juden!

SA

SA-Obertruppführer im großen Dienstanzug

Die achtzehn SA-Standarten wurden gekennzeichnet durch regional verschiedene Farben an Mütze, Kragenspiegeln und Schulterklappen. Das Hellblau auf unserem Beispiel trugen die Mitglieder der Standarte Hochland/Bayernwald. Die Zahlen auf dem rechten Kragenspiegel gaben die Einheit – hier Sturm 1/Standarte 1 – an, die Abzeichen auf dem linken Spiegel den Dienstgrad.

◀ 1. April 1933: Marsch der SA durch Berlin. Den Boykott gegen die jüdischen Geschäfte nutzte die SA als Gelegenheit zu allgemeinem Straßenterror.

Hitler«, der damals aus etwa zweihundert Mann bestand, wurde, obwohl auch er teilgenommen hatte, übersehen. Er löste sich schließlich selbst auf und wurde erst nach Hitlers Entlassung aus der Festungshaft reorganisiert. In München und in anderen NSDAP-Ortsgruppen-Bereichen wurden weitere, dieser neuen »Stabswache« ähnliche Trupps aufgestellt, die, einschließlich der »Kerntruppe« selbst, ab Sommer 1925 als »Schutzstaffeln« bezeichnet wurden. Diese Staffeln sollten Teile der Parteiorganisation unter der zentralen Führung einer »Oberleitung« in München sein und aus den aktivsten und zuverlässigsten Mitgliedern einer Ortsgruppe bestehen. Ihre Abzeichen waren die schwarze Mütze mit Totenkopf und die schwarz umrandete Hakenkreuzbinde. Im Januar 1929 wurde Heinrich Himmler von Hitler zum Reichsführer der SS ernannt. Himmler, am 7. Oktober 1900 in München als Sohn eines Gymnasiallehrers geboren, hatte am Putsch vom 9. November 1923 teilgenommen, sich dann jedoch wieder seiner Geflügelfarm zugewandt, bis Hitler ihn 1929 zurückholte. Als Himmler die Führung der inzwischen stark vergrößerten Schutzstaffeln übernahm, organisierte er sie entsprechend dem Aufbau der SA, deren Führung sie unterstellt waren, neu. Ebenso wie in der SA war der Dienst in der SS freiwillig und wurde neben dem Beruf abgeleistet. Die Dienstvorschrift von 1931 bestimmte, daß die SS im Unterschied zur SA besonders da einzusetzen sei, wo einzelne Männer gebraucht würden. Die SA hatte den Versammlungsschutz, die SS den Sicherheitsdienst bei Führertagungen und den Schutz prominenter Führer sowie die Absperrung bei Propagandamärschen der SA zu übernehmen. Zu ihren Aufgaben zählte auch, die Vorgänge in den anderen Parteien zu verfolgen, die Sicherheit in der eigenen Partei zu gewährleisten und notfalls Parteirevolten niederzuwerfen. Die Berliner SS bewährte sich hierbei schon im Frühjahr 1931 im Zusammenhang mit dem sogenannten Stennes-Putsch, einer versuchten Revolte der Berliner SA. Hitler verlieh der SS dafür im April

1931 das Losungswort: »SS-Mann, Deine Ehre heißt Treue.«

Am 17. Juni 1933 schuf sich Hitler zum dritten Mal eine neue »Stabswache« aus 120 auserwählten SS-Männern unter der Führung Sepp Dietrichs, die noch im gleichen Jahr in »Leibstandarte Adolf Hitler« umbenannt und am 9. November 1933 auf Hitler persönlich vereidigt wurde.

In anderen Städten wurden zuverlässige SS-Männer zu »SS-Sonderkommandos« zusammengefaßt, die zunächst als »Politische Bereitschaften«, später als »kasernierte Hundertschaften« bezeichnet wurden. Sie bildeten die Basis der späteren »SS-Verfügungstruppen«, die ihrerseits wieder zum Ausgangspunkt für die Waffen-SS wurden.

Heinrich Himmler aber wollte die SS nicht nur zu den oben geschilderten Aufgaben verwendet sehen; sie sollte vielmehr, als eine Art Orden gewissermaßen, eine politische Führerschicht bilden, die sich durch besondere Qualitäten und Fähigkeiten auszeichnete. Grundlage war, dem Motto: »Meine Ehre heißt Treue« entsprechend, der bedingungslose Gehorsam. Allein der Wille des Führers und nicht das Recht oder das Gewissen des Einzelnen bestimmte das Handeln des SS-Mannes.

In Anerkennung ihrer bei der Niederschlagung des sogenannten Röhm-Putsches erworbenen Verdienste – die SS hatte die Erschießungskommandos gestellt – löste Hitler die SS von der SA und erklärte sie zu einer selbständigen Sonderformation der NSDAP, die sich innerhalb des nächsten Jahrzehnts zu einer machtvollen und vielfältig verflochtenen Organisation entwickeln sollte.

1. DIE ALLGEMEINE SS

Nachdem sich eine Anzahl besonderer SS-Gliederungen formiert hatte, wurde die Stammgruppe als »Allgemeine SS« bezeichnet, in der all jene erfaßt wurden, die zu keiner Sonderformation gehörten. Sie gliederte sich in Oberabschnitte, Abschnitte, Standarten, Sturmbanne und Stürme, ihre dienstgradmäßige Rangfolge war, wie bereits erwähnt, dem Schema der SA nachgebildet. Ihr Dienstanzug bestand aus: Stiefelhose, Marschstiefel, Dienstrock mit mattsilbernen Knöpfen, Tellermütze mit Hoheitszeichen und Totenkopf, Koppel mit Schulterriemen in schwarz, Braunhemd mit schwarzem Binder, Hakenkreuz-Armbinde mit schwarzer Umrandung, Dienstdolch.

2. DIE SS-TOTENKOPFVERBÄNDE

Diese Einheiten entstanden, zunächst unter dem Namen SS-Wachverbände, als die von der SA eingerichteten Konzentrationslager am 30. Juni 1934 aufgelöst wurden. Die neuen Konzentrationslager bekamen SS-Wachmannschaften unter der Führung von SS-Oberführer Theodor Eicke, der als Offizier am Ersten Weltkrieg teilgenommen hatte. Am 4. Juli 1934 wurde Eicke zum »Inspekteur der Konzentrationslager und Führer der SS-Wachverbände« ernannt. Er faßte im Laufe des Jahres 1935 diese Wachverbände zu fünf Sturmbannen zusammen und vergrößerte den Mannschaftsbestand im Frühjahr 1936 von 1800 auf 3500. Ab 29. März 1936 erhielten die Verbände die Bezeichnung SS-Totenkopfverbände (TV). Im April 1937 entstanden aus den fünf Sturmbannen drei Standarten mit den Namen »Oberbayern« (Dachau), »Brandenburg« (Oranienburg/Sachsenhausen) und »Thüringen« (Frankenberg); letztere wurde 1937 von Frankenberg nach Weimar (Buchenwald) verlegt. Nach der Besetzung Österreichs wurde im Herbst 1938 in Linz eine vierte Standarte »Ostmark« für das Konzentrationslager Mauthausen aufgestellt.

3. DIE SS-VERFÜGUNGSTRUPPE

Diese dritte Formation der SS, die zunächst aus den bisherigen Politischen Bereitschaften und der Leibstandarte gebil-

det wurde, geht zurück auf einen Erlaß des Reichsführers SS vom 14. Dezember 1934. Und als Hitler am 16. März 1935 die Wiedereinführung der allgemeinen Wehrpflicht verkündete, erließ er am gleichen Tag einen Befehl, der die Aufstellung der SS-Verfügungstruppe als einer voll militarisierten Formation anordnete – sie sollte den Kern einer neu zu bildenden SS-Division bilden. Die SS-Verfügungstruppe bestand Ende Mai 1935 aus insgesamt 8459 Mann einschließlich der 2660 Angehörigen der SS-Leibstandarte »Adolf Hitler«. Die Aufnahmebedingungen in die SS-Verfügungstruppe waren sehr streng: Angehörige der Leibstandarte mußten mindestens 1,80 Meter, die der anderen Einheiten mindestens 1,78 Meter groß sein. Außerdem wurde auf Erfüllung »rassischer« Normen geachtet. Die Dienstzeit betrug für Mannschaften vier Jahre, für Unteroffiziere zwölf und für Offiziere fünfundzwanzig Jahre. Der Dienst in der SS-Verfügungstruppe galt als Wehrdienst, während der Dienst in den SS-Totenkopfverbänden nicht als Ableistung der Wehrpflicht angerechnet wurde.
Hinsichtlich der Kleidung wurde zwar die schwarze SS-Ausgehuniform bis zum Krieg beibehalten, aber schon 1937 führte man den feldgrauen Dienstanzug mit dem Hoheitszeichen, Adler und Hakenkreuz auf dem linken Ärmel und den SS-Runen und Rangabzeichen auf den Kragenspiegeln ein.

Dienststellen der SS

1. DER SICHERHEITSDIENST DES REICHSFÜHRERS SS (SD)

Der SS war – wie bereits erwähnt – auch die Aufgabe zugedacht, die Vorgänge in den anderen Parteien zu beobachten und für die innere Sicherheit der NSDAP zu sorgen. Die Voraussetzungen für diese Sicherungsaufgaben waren von Reinhard Heydrich bereits im Herbst 1931 durch die Ein-

DEUTSCHLAND
ERWACHE

Allgemeine SS
SS-Oberscharführer im Dienstanzug

Die besondere Stellung der SS wurde bereits durch die schwarze Uniform, die sich vom parteiüblichen Braun abhob, signalisiert. Symbol der SS war der Totenkopf, der an der Mütze unter dem Hoheitszeichen angebracht war. Die Zahlen auf dem rechten Kragenspiegel und auf dem Ärmelstreifen bezeichneten die Einheit, die Abzeichen auf dem linken Kragenspiegel den Dienstrang.

◀ Standartenträger der SS. Der Winkel auf dem rechten Oberarm kennzeichnete die »Alten Kämpfer«, die schon vor 1933 der Partei angehört hatten.

richtung eines »Abwehr«-Dienstes, der zunächst »Ic-Dienst«, dann »PI-Dienst« (Presse- und Informationsdienst) genannt wurde, geschaffen worden. Heydrich, geboren am 7. März 1904 in Halle a. d. Saale, hatte als Oberleutnant zur See die Marine 1931 nach einem Ehrengerichtsverfahren verlassen müssen. Seine spätere Karriere bei der SS wurde oft durch das Gerücht getrübt, daß er eine jüdische Großmutter gehabt habe. Aus Heydrichs Personalakten scheint aber einwandfrei hervorzugehen, daß dies nicht der Wahrheit entsprach.

Nach dem 30. März 1933 wurde Heydrichs Organisation zum Sicherheitsdienst (SD) umgebildet, der sich entsprechend der Einteilung der SS in Oberabschnitte und Abschnitte gliederte. Die zentrale Führungsinstanz war das SD-Hauptamt in München, das im Herbst 1934 nach Berlin verlegt wurde.

In der ersten Zeit bestand die Hauptaufgabe des SD in der Personalauskunft. Am 9. Juni 1934 wurde der SD durch eine Anordnung des Stellvertreters des Führers zum ausschließlichen Nachrichten- und Abwehrdienst der Partei erklärt und der Inlandsnachrichtenapparat des Außenpolitischen Amtes in den SD übergeführt. Im übrigen hatte der SD schon bei der Niederschlagung des »Röhm-Putsches« wesentlich mitgewirkt.

In der folgenden Zeit legte der SD ein Archiv für alle früheren marxistischen, jüdischen, liberal-republikanischen, religiösen und kulturellen Gruppen sowie ihrer Mitglieder an, so daß eine Kartei sämtlicher potentieller Gegner entstand. Nachdem diese Kartei 1936 auch noch unter sachlichen Gesichtspunkten erweitert worden war, lieferte sie später die Unterlagen zur Verfolgung der politischen Gegner auch in den besetzten Gebieten und für die Vernichtung der Juden. So waren beispielsweise die sofort einsetzenden Verfolgungsmaßnahmen nach der Annexion Österreichs im Jahre 1938 politisch-nachrichtendienstlich genauestens vorbereitet worden, was dem SD noch im gleichen Jahr eine offizielle Anerkennung einbrachte. Im Erlaß des Reichsministers des Inneren vom 11. November 1938 heißt es:

»Der Sicherheitsdienst des Reichsführers SS (SD) hat als Nachrichtenorganisation für Partei und Staat – insbesondere zur Unterstützung der Sicherheitspolizei – wichtige Aufgaben zu erfüllen. Der SD wird damit im staatlichen Auftrag tätig. Das erfordert ein enges und verständnisvolles Zusammenarbeiten zwischen dem SD und den Verwaltungsbehörden der Allgemeinen und Inneren Verwaltung.«

2. DIE SICHERHEITSPOLIZEI (SIPO)

Von Himmler im Juni 1936 als Exekutivinstrument zum Schutze der Reichssicherheit und zur Bekämpfung der politischen Gegner geschaffen, faßte die Sipo die Politische Polizei in der Gestalt des Geheimen Staatspolizeiamtes, die Kriminalpolizei (zunächst das Preußische Landeskriminalamt und ab 16. Juni 1937 das Reichskriminalamt) sowie die Grenzpolizei zusammen. Zum »Chef der Sicherheitspolizei« wurde Heydrich ernannt; er führte nunmehr das »Hauptamt Sicherheitspolizei« und das »SD-Hauptamt«. Zwei dieser Untergliederungen müssen erwähnt werden.

a) Das Geheime Staatspolizeiamt (Gestapa)

Die Entwicklung der Politischen Polizei im NS-Regime hatte von zwei verschiedenen Stellen ihren Anfang genommen, nämlich in Preußen und Bayern. Göring, am 30. Januar 1933 mit der Wahrnehmung der Geschäfte des preußischen Innenministers beauftragt, schuf am 26. April 1933 mit dem Gesetz »zur Wahrnehmung von Aufgaben der Politischen Polizei neben den oder an Stelle der ordentlichen Polizeibehörden« das Geheime Staatspolizeiamt, das dem Minister des Inneren unmittelbar unterstand. Mit einem weiteren Gesetz vom 30. November 1933 wurde die Geheime Staatspolizei (Gestapo) selbständig, und die bisher vom Innenministerium wahrgenommenen Geschäfte gingen auf sie über. Nachgeordnete Exekutivstellen des Gestapa waren in den Regierungsbezirken die Staatspolizeistellen.

In Bayern war am 9. März 1933 Ritter von Epp als Reichskommissar für die polizeilichen Befugnisse eingesetzt worden. Am gleichen Tag ernannte er den Reichsführer SS Heinrich Himmler zum kommissarischen Polizeipräsidenten von München, und Heydrich wurde als Leiter des Sicherheitsdienstes auch Chef der Politischen Polizei. Im weiteren Verlauf wurde Himmler nicht nur Kommandeur der »Bayerischen Politischen Polizei«, sondern brachte es von Bayern aus zustande, Chef der Politischen Polizeien aller deutschen Länder, zunächst mit Ausnahme von Preußen, zu werden. Am 20. April 1934 hatte er auch das geschafft: Er war stellvertretender Chef und Inspekteur der Preußischen Geheimen Staatspolizei, ihm folgte Heydrich als Chef des Preußischen Geheimen Staatspolizeiamtes. Am 10. Februar 1936 wurde ein neues Gestapo-Gesetz erlassen, in dem die Aufgaben der Gestapo wie folgt festgelegt wurden:

§ 1

»Die Geheime Staatspolizei hat die Aufgabe, alle staatsgefährlichen Bestrebungen im gesamten Staatsgebiet zu erforschen und zu bekämpfen, das Ergebnis zu sammeln und auszuwerten, die Staatsregierung zu unterrichten und die übrigen Behörden über für sie wichtige Feststellungen auf dem laufenden zu halten und mit Anregungen zu versehen. Welche Geschäfte im einzelnen auf die Geheime Staatspolizei übergehen, bestimmt der Chef der Geheimen Staatspolizei im Einvernehmen mit dem Minister des Inneren.«

In § 4 wurde bestimmt, daß die Aufgaben der Gestapo in den einzelnen Landespolizeibezirken von Staatspolizeistellen wahrgenommen werden, an der Grenze jedoch von besonderen Grenzkommissariaten.

b) Die Grenzpolizei

Ihr waren von den braunen Machthabern folgende Aufgaben zugedacht:

»Überwachung des gesamten Verkehrs über die Reichsgrenze, Vollzug der Paßvorschriften und Sichtvermerkskontrolle, Fahndung nach gesuchten Verbrechern,
Mitarbeit bei der Bekämpfung der Kapital- und Steuerflucht, Verhinderung der unerlaubten Einfuhr verbotener Druckschriften, Beobachtung und Kontrolle verdächtiger Reisender,
Mitwirkung bei der Handhabung fremdenpolizeilicher Vorschriften, Mithilfe bei Auslieferungs-, Übernahme- und Schubverkehr, Vorbehandlung von Fremdenlegionären, Unterstützung bei der Abwehr der Spionage und des Landesverrates, Mitarbeit bei der Bekämpfung staatsfeindlicher politischer Bestrebungen, Beobachtung jeglicher politischer Entwicklung im Grenzgebiet.«

Die Grenzpolizei nahm somit auch Aufgaben allgemein politisch-polizeilicher Art wahr. Sie trug dazu bei, daß all jenen, deren Leben in Deutschland bedroht war, das Überschreiten der Grenze, die Flucht ins Ausland, aufs Äußerste erschwert wurde.
Die Verbindung zur Gestapo war eng: So wurden die Funktionen des Höheren Dienstes von Beamten der Gestapo wahrgenommen. Nach Kriegsausbruch, als an Stelle der Grenzen Fronten getreten waren, wurde die Grenzpolizei abgebaut. Ihre Funktionen gingen nach und nach auf das Reichssicherheitshauptamt bzw. auf das Geheime Staatspolizeiamt über, ihre Angehörigen wurden von diesen Ämtern übernommen. Die Grenzpolizeischule in Pretzsch a.d. Elbe, wo die Beamten des Mittleren Dienstes ausgebildet wurden, wandelte man im Juli 1941 in eine allgemeine Unterführerschule der Sicherheitspolizei um. Dort waren im Juni 1939 auch die Einsatzgruppen und Einsatzkommandos aufgestellt worden, denen unter anderem Angehörige der Grenzpolizei zugewiesen wurden. In den besetzten Gebieten trugen sie in der Regel SS-Uniform mit der SD-Raute am linken Ärmel.
Die SD-Leute rückten schließlich in alle entscheidenden Stellen in der Sicherheitspolizei ein und traten im Krieg als Führer von Einsatzkommandos, als Befehlshaber und Kommandeure der Sicherheitspolizei oder in wichtigen

Positionen des Reichssicherheitshauptamtes wieder in Erscheinung.

DIE FÜHRUNGSORGANISATION DER SS

1. DIE HAUPTÄMTER DER SS

Zunächst wurden die Führungs- und Verwaltungsaufgaben der SS durch die Oberste SA-Führung erledigt. Nach seiner Ernennung zum »Reichsführer SS« schuf Himmler sich jedoch eine eigene SS-Geschäftsstelle. Diese »Reichsführung SS« setzte sich aus dem 1931 geschaffenen Rasse- und Siedlungsamt und dem Ic-Dienst zusammen und verfolgte Himmlers für die SS in Anspruch genommene Ziele: die Bildung eines Führungsordens aufgrund biologischer Auslese und den Aufbau einer Sicherheitsorganisation für die Bewegung.
Nachdem aus dem Ic-Dienst 1933 der »Sicherheitsdienst Reichsführer SS (SD)« mit einem eigenen Führungsamt geworden war, gab es drei Ämter: SS-Amt, Rasse- und Siedlungsamt (RuS) und SD-Amt. Dazu kam noch die Adjutantur der Reichsführung SS, aus der dann später, 1934, der »Persönliche Stab des Reichsführers SS« gebildet wurde.
Das *SS-Amt* war zuständig für die Führung und Verwaltung der SS.
Das *RuS-Amt* hatte zur Aufgabe die »rassenmäßige Ausrichtung« sowie »Planung und Förderung des Siedlungswesens«, das heißt: in seinen Zuständigkeitsbereich fielen Rassefragen, Bauern- und Siedlungsfragen, Sippenpflege, Schulung.
Das *SD-Amt* war in drei Abteilungen gegliedert: Verwaltung, Inlandsnachrichtendienst und Auslandsnachrichtendienst. Im Amt II wurden Vertreibung und Vernichtung der Juden vorbereitet. Der Personalbestand wuchs im Laufe der

Zeit auf ca. 3000 hauptamtliche und ca. 30 000 »ehrenamtliche« Mitarbeiter.
Diese anfangs als SS-Ämter bezeichneten Dienststellen erhielten ab 30. Januar 1935 die Bezeichnung SS-Hauptämter, wobei in den Jahren 1935 bis 1939 die Kompetenzen ergänzt, erweitert und untereinander verschoben wurden.
Von besonderer Bedeutung für die Vorbereitung der »Lösung« der Judenfrage war die Abteilung II 112 des SD-Hauptamtes, die ab 1936 von dem SS-Standartenführer Dr. Alfred Six geleitet wurde. In allen SD-Ober- und Unterabschnitten wurde eine Organisation von sogenannten Judenreferenten geschaffen, deren Aufgabe es im besonderen war, jüdische Verbände, Versammlungen, Presse und – in Zusammenarbeit mit der Gestapo – auch Einzelpersonen zu beobachten. Neben dieser SD-Organisation bestand noch ein V-Männer-Netz, bei dem man zwei Arten von V-Leuten unterschied:

V-Männer, die die mit der Bearbeitung von Judenfragen befaßten Behörden zu beobachten hatten,

V-Männer, die mit der Beschaffung von Nachrichtenmaterial direkt aus den Reihen des Gegners beauftragt waren.

Von Anfang an war die SD-Arbeit auch auf die »Erforschung der Judenfrage im Ausland« gerichtet. So unterhielt Dr. Six im Auslandswissenschaftlichen Institut ein eigenes Referat für die Judenfrage in Europa und den übrigen Kontinenten, das auf der Wannseekonferenz vom 20. Februar 1942, auf die an anderer Stelle noch einzugehen ist, eine zahlenmäßige Aufgliederung der in den europäischen Ländern lebenden elf Millionen Juden vorlegte.

2. DER REICHSFÜHRER SS UND CHEF DER DEUTSCHEN POLIZEI

Die Errichtung dieser Institution bedeutete die entscheidende Maßnahme für die Gleichschaltung der Polizei, die im NS-Sprachgebrauch als »Verreichlichung« der Polizei bezeichnet wurde. Mit Hitlers Erlaß vom 17. Juni 1936 »Über die Einsetzung eines Chefs der Deutschen Polizei im Reichsministerium des Inneren« wurde Himmler zwar formell dem Reichs- und Preußischen Minister des Inneren unterstellt, verstand es aber, sich Selbständigkeit und Handlungsfreiheit zu schaffen, bis er 1943 selbst das Amt des Reichsinnenministers übernahm. Mit diesem Hitler-Erlaß wurde die Polizei nicht nur endgültig zentralisiert, sondern auch institutionell mit der SS verbunden und war damit dem Einfluß staatlicher Verfügung entzogen und Werkzeug in den Händen von Hitlers getreuestem Vasallen, dem Reichsführer SS.

Durch Erlaß vom 26. Juni 1936, der Heydrich zum Chef der neugeschaffenen Sicherheitspolizei ernannte, wurde zugleich auch ein Hauptamt der Ordnungspolizei unter General Kurt Daluege geschaffen, das dem Reichsführer SS und Chef der Deutschen Polizei ebenfalls unterstellt war.

In der uniformierten Ordnungspolizei waren Schutzpolizei, Gendarmerie und Gemeindepolizei zusammengefaßt. Die Ordnungspolizei wurde im Krieg auf den verschiedenen Kriegsschauplätzen für militärische und polizeiliche Maßnahmen eingesetzt. Darüber hinaus aber wurde sie auch für besondere Aufgaben herangezogen: für die Bewachung von Lagern, für Absperrungen bei Exekutionen, aber auch für Erschießungen selbst.

Letzteres wurde dadurch ermöglicht, daß die Polizeieinheiten den Kommandos der Sicherheitspolizei und des SD zugeteilt worden waren. Die Befehlsgewalt für diese Anordnungen hatten die Höheren SS- und Polizeiführer, deren Aufgabe es war, Aktionen von SS, Ordnungspolizei, Sipo und SD zu koordinieren.

3. DAS REICHSSICHERHEITSHAUPTAMT (RSHA)

Durch Erlaß Himmlers vom 27. September 1939 geschaffen, faßte diese zentrale Instanz die Ämter des Chefs der Sicher-

Heinrich Himmler,
der Reichsführer SS.
Mit seiner Ernennung zum Chef der Deutschen Polizei im Jahr 1936 war ein entscheidender Schritt getan, die staatlichen Organe gleichzuschalten und zum Vollstrecker nationalsozialistischer Politik zu machen.

heitspolizei und des SD, die beide Heydrich unterstanden, zusammen.

Das RSHA gliederte sich zunächst in sechs Ämter:

Amt I: (Chef SS-Brigadeführer Dr. Werner Best)
Aus dem Amt Verwaltung und Recht des Hauptamtes Sicherheitspolizei, Amt I des SD-Hauptamtes (ohne I/3) Abteilungen I und IV des Gestapa

Amt II: (Chef SS-Standartenführer Dr. Alfred Six)
Abteilung II/1 (Gegnererforschung) und I/3 des SD-Hauptamtes

Amt III: (Chef SS-Standartenführer Dr. Otto Ohlendorf)
Abteilung II/2 (Deutsche Lebensgebiete) des SD-Hauptamtes

Amt IV: (Chef SS-Oberführer Reichskriminaldirektor Heinrich Müller)
Amt Politische Polizei des Hauptamtes Sipo
Abteilung II des Gestapa
Abteilung III des Gestapa

Amt V: (Chef SS-Oberführer Reichskriminaldirektor Arthur Nebe)
Amt Kriminalpolizei des Hauptamtes Sipo Reichskriminalpolizeiamt

Amt VI: (Chef SS-Brigadeführer Heinz Jost)
Amt III SD-Hauptamt (Auslandsnachrichtendienst)

Die anfängliche Einteilung in sechs Ämter wurde bald dahingehend geändert, daß aus dem ersten Amt zwei Ämter gebildet wurden, nämlich Amt I (Personal) unter Bruno Streckenbach und Amt II (Organisation, Verwaltung, Recht) unter Best, dafür wurde aus dem bisherigen Amt II nunmehr Amt VII (Weltanschauliche Forschung und Auswertung).

Weitere Umorganisationen des RSHA wurden durch Geschäftsverteilungspläne vom 1. Februar/31. März 1940, vom 1. März 1941 und vom 1. Oktober 1943 angeordnet, durch die teilweise auch sachliche Zuständigkeitsänderungen eintraten. So übernahm die Sicherheitspolizei bestimmte

Aufgaben des SD zur Gegnererforschung, zu denen das Personal des SD abgeordnet wurde.

Reinhard Heydrich, der allmächtige Chef des Reichssicherheitshauptamtes. Unter seiner Leitung entwickelte sich das RSHA zur zentralen Führungsstelle bei den Vernichtungsmaßnahmen.

Unter der Führung Heydrichs entwickelte sich das RSHA zum entscheidenden, politisch außerordentlich wirksamen Hauptamt der SS, das besonders zur zentralen Führungsstelle für die Vernichtungsmaßnahmen wurde. Der Leiter des »Juden-Referates« IV B 4, der SS-Obersturmbannführer Eichmann, wurde zum Inbegriff der systematischen Judenvernichtung. Nach Heydrichs Tod infolge des Attentats vom 5. Juni 1942 übernahm Ernst Kaltenbrunner im Oktober 1942 die Leitung des RSHA. Auch unter ihm blieb es das Instrument zur Durchsetzung der ideologischen Ziele Hitlers. Zuvor war die Stellung des RSHA in der SS endgültig schriftlich festgelegt worden. Alle SS-Hauptämter hatten nunmehr sämtliche bedeutsamen Vorgänge dem RSHA zur Mitzeichnung vorzulegen, bevor diese Himmler zugestellt oder an Dienststellen außerhalb der SS geleitet wurden. Damit war das RSHA zum zentralen Machtfaktor und für Millionen Menschen im besetzten Europa zum Herrn über Leben und Tod geworden.

ZWEITER TEIL

Einsatz und Aufgaben im Krieg 1939 – 1945

DIE EINSATZGRUPPEN DER SICHERHEITSPOLIZEI UND DES SD

1. AUFSTELLUNG UND AUFGABE

Die Begriffe »Einsatzgruppe« und »Einsatzkommando« finden sich zum ersten Mal in dem »Vorschlag für den Einsatz der Geheimen Staatspolizei und des Sicherheitsdienstes des Reichsführers SS für den Fall einer Besetzung des gesamten Gebietes Böhmen-Mähren-Schlesien« vom 29. September 1938. Schon bei dem »Anschluß« Österreichs an das Deutsche Reich im März 1938 waren Sonderkommandos in Erscheinung getreten, die im wesentlichen den Auftrag hatten, sicherheitspolizeiliche Aufgaben zu erfüllen, um schließlich bei der Errichtung der stationären Dienststellen das Stammpersonal zu stellen. Aber bereits hier taten sich die Sonderkommandos durch Mordaktionen gegen einzelne politisch unliebsame Gegner hervor, auch wenn sie noch nicht die wandernde Mordmaschine waren, deren einziger Zweck die systematische Ausrottung ganzer Bevölkerungsgruppen war. Dies blieb auch noch so beim Einmarsch in die Tschechoslowakei. Sobald sie die vorgesehenen Standorte erreicht hatten, wurden aus den Einsatzkommandos die örtlichen SD- und Staatspolizeidienststellen gebildet. Neben ihnen bestanden noch weitere Sonderdienststellen wie das »SD-Sonderkommando Prag« des Sicherheitshauptamtes und später die »Zentralstelle für jüdische Auswanderung« unter der Leitung Eichmanns.

Die planmäßige Umwandlung der Einsatzgruppen in Mordkommandos erfolgte im Zusammenhang mit den Vorbereitungen für den Überfall auf Polen. Unter der Tarnbezeichnung »Unternehmen Tannenberg« wurden Ende August 1939 fünf Einsatzgruppen in einer Stärke von zusammen 2400 Mann in Wien, Oppeln, Breslau, Dramburg und Allen-

stein aufgestellt und nach ihren Aufstellungsorten bezeichnet. Später erhielten sie die Nummern I – V. Hinzu kamen nach Beginn des Einmarsches noch die Einsatzgruppe VI, die Einsatzgruppe »zur besonderen Verfügung« und das Einsatzkommando 16.
Aufgabe der Einsatzgruppen war die Vernichtung aller »potentiellen Gegner«, und so kam es gegen Ende des Feldzuges zu systematischen Ausrottungsaktionen. Ausgestattet mit Fahndungslisten, in denen nach den Gruppen »A« (Arbeiter) und »I« (Intelligenz) unterschieden wurde, führten die Einsatzgruppen im Herbst 1939 die »Intelligenz-Aktion« und im Mai/Juli 1940 die AB (Allgemeine Befriedungsaktion) durch, der etwa 4000 Angehörige der geistigen und politischen Elite Polens zum Opfer fielen. Schon vor der letzten Aktion, durch Erlaß vom 20. November 1939, waren die Einsatzgruppen und Einsatzkommandos aufgelöst und auf die gleichzeitig eingerichteten örtlichen Staatspolizeidienststellen aufgeteilt worden.

Da sich die Einsatzgruppen für die nationalsozialistischen Machthaber zur Durchsetzung ihrer politischen Ziele als außerordentlich brauchbar erwiesen hatten, wurden sie auch in die Planung des »Unternehmens Barbarossa«, des Überfalls auf die Sowjetunion, einbezogen.
Der Einmarsch der deutschen Wehrmacht in Rußland am 22. Juni 1941 wurde dem deutschen Volk als schnelle Reaktion Hitlers und als notwendiger Entschluß, einem plötzlich drohenden, aber gerade noch rechtzeitig bemerkten russischen Angriff zuvorzukommen, dargestellt. In Wahrheit machte Hitler schon im Dezember 1940 aus seinen Angriffsabsichten keinen Hehl mehr, wenn er am 18. Dezember 1940 in der Weisung Nr. 21 verfügte:

»Die deutsche Wehrmacht muß darauf vorbereitet sein, auch vor Beendigung des Krieges gegen England Sowjetrußland in einem schnellen Feldzug niederzuwerfen (Fall Barbarossa).
...

Den Aufmarsch gegen Rußland werde ich gegebenenfalls acht Wochen vor dem beabsichtigten Operationsbeginn befehlen. Vorbereitungen, die eine längere Laufzeit benötigen, sind – soweit noch nicht geschehen – schon jetzt in Angriff zu nehmen und bis zum 15.5.1941 abzuschließen.«

Den Befehl zum Überfall auf Rußland gab Hitler Ende April. Das Datum setzte er auf den 22. Juni 1941 fest. Am 3. März hatte Hitler dem Chef des Oberkommandos des Heeres, Generalfeldmarschall Keitel, mitgeteilt, daß im Rußland-Feldzug wiederum der Einsatz von Verbänden der Sicherheitspolizei und des SD vorgesehen sei. Im Anschluß an diese Besprechung formulierte das OKW am 13. März Richtlinien für den »Fall Barbarossa«, die unter anderem auch auf die Sondervollmachten Himmlers eingingen:

»Im Operationsgebiet des Heeres erhält der Reichsführer SS zur Vorbereitung der politischen Verwaltung Sonderaufgaben im Auftrag des Führers, die sich aus dem endgültig auszutragenden Kampf zweier entgegengesetzter politischer Systeme ergeben. Im Rahmen dieser Aufgaben handelt der Reichsführer SS selbständig und in eigener Verantwortung. Im übrigen wird die dem Oberbefehlshaber des Heeres und den von ihm beauftragten Dienststellen übertragene vollziehende Gewalt nicht berührt. Der Reichsführer SS sorgt dafür, daß bei Durchführung seiner Aufgaben die Operationen nicht gestört werden. Näheres regelt das OKH mit dem Reichsführer SS unmittelbar.«

Am 26. März kam es zu einer schriftlichen Fixierung dieser Sonderaufgaben zwischen dem Generalquartiermeister Wagner vom OKH und dem Chef des RSHA, Heydrich. Beide betonten die Notwendigkeit der Aufstellung von Sonderkommandos und legten fest, daß diese ihre Aufgaben »in eigener Verantwortlichkeit« durchführen und das Recht haben sollten, »gegenüber der Zivilbevölkerung Exekutivmaßnahmen zu treffen«. Die Wehrmacht lieh damit den geplanten Vernichtungsaktionen widerspruchslos ihre Unterstützung.

Anfang Mai 1941 begann die Aufstellung dieser Kommandos in der Grenzpolizeischule Pretzsch a.d. Elbe sowie in den Nachbarorten Düben und Bad Schmiedeberg. Insgesamt

wurden ca. 3000 Angehörige der Sicherheitspolizei und des SD zusammengezogen: Mitglieder der Geheimen Staatspolizei, der Kriminalpolizei, SD-Sachbearbeiter und SD-Führer, die zu diesem Sondereinsatz abkommandiert wurden. Unter anderem gehörte auch der gesamte Lehrgang der Anwärter des leitenden Dienstes an der Führerschule der Sicherheitspolizei Berlin-Charlottenburg dazu. Hinzu kamen noch Dolmetscher, Polizeiverwaltungsbeamte, Kraftfahrer und Waffen-SS-Männer, außerdem ein Polizeibataillon, das so verteilt wurde, daß auf jedes Einsatzkommando etwa ein Zug Ordnungspolizei entfiel. Am Anfang handelte es sich um das Polizeibataillon 9, später – ab Anfang 1942 – wurde es durch das Polizeibataillon 3 abgelöst.
Es gibt keine Hinweise dafür, daß diese Personen aufgrund besonderer ideologischer oder charakterlicher Gesichtspunkte auf ihre Eignung für die geplanten Massenmorde ausgewählt worden sind. Während man bei den Angehörigen der Gestapo schon von Berufs wegen weltanschauliche Zuverlässigkeit und Härte voraussetzen konnte, rekrutierten sich beispielsweise die Polizeibataillone hauptsächlich aus Polizeireservisten aus den verschiedensten Berufszweigen. Gerade diese wurden aber meist als Schützen bei den Exekutionen verwendet. Der Verlauf der Ereignisse zeigte im übrigen, daß eine Vorgabe an Härte oder Brutalität nicht unbedingt Voraussetzung für die Beteiligung an diesen Morden großen Stils sein mußte.
Aus diesem zusammengewürfelten Haufen wurden nach einer kurzen militärischen Ausbildung vier Einsatzgruppen gebildet, die aus jeweils zwei Sonderkommandos und zwei bis drei Einsatzkommandos bestanden. Die Sonderkommandos sollten sich möglichst dicht hinter der vorrückenden Front bewegen, während die Einsatzkommandos die Aufgabe hatten, im rückwärtigen Heeresgebiet zu operieren. Da die Zusammensetzung beider Kommandos keinen Unterschied aufwies, wurden zumeist auch die Sonderkommandos als Einsatzkommandos bezeichnet.

Ein Beispiel für die personelle und zahlenmäßige Zusammensetzung einer Einsatzgruppe gibt der Bericht der Einsatzgruppe A vom 15. Oktober 1941. Hiernach bestand sie zu diesem Zeitpunkt aus 990 Personen, von denen 89 der Gestapo, 41 der Kripo und 35 dem SD angehörten. Ihr waren noch 340 Mann der Waffen-SS und 133 Mann der Ordnungspolizei sowie Hilfspolizisten, Motorradfahrer, Verwaltungskräfte, Übersetzer, Fernschreiber und Funker, dazu dreizehn weibliche Hilfskräfte zugewiesen.
Das Operationsgebiet der vier Einsatzgruppen entsprach dem des in Rußland vorrückenden Heeres. So entfielen drei Einsatzgruppen auf die Heeresgruppe Nord, Mitte und Süd.

Einsatzgruppe A
für die Heeresgruppe Nord,
die im Baltikum vorstieß.

Einsatzgruppe B
für die Heeresgruppe Mitte,
die durch Weißruthenien marschierte.

Einsatzgruppe C
für die Heeresgruppe Süd,
die die Ukraine besetzte.

Einsatzgruppe D
wurde der 11. Armee zugeteilt,
die mit zwei rumänischen Armeen
der Heeresgruppe Antonescu zur
Krim vorstoßen sollte.

Die Chefs der Einsatzgruppen entstammten sämtlich der SS-Hierarchie: Dr. Franz Stahlecker (A), Arthur Nebe (B), Dr. Otto Rasch (C), Dr. Otto Ohlendorf (D).
Die Einsatz- und Sonderkommandos waren von 1 bis 12 durchnumeriert, wobei auf die Sonderkommandos jeweils nur eine Ziffer mit dem Zusatz a) oder b) entfiel. Auch das

Einsatzkommando 11 wurde in zwei Kommandos, 11a und 11b, geteilt.
Mitte Juni 1941 waren die Vorbereitungen abgeschlossen, so daß die Einsatzgruppen mit ihren Kommandos schon am Tage nach dem Angriff auf die Sowjetunion aus ihren Bereitstellungen im Raum Pretzsch abrücken konnten.

2. DURCHFÜHRUNG DER VERNICHTUNGSAKTIONEN

Etwa drei bis vier Tage vor dem Abmarsch der Kommandos fand in Pretzsch eine Besprechung sämtlicher Einsatzgruppenchefs und Kommandoführer statt, in deren Verlauf sie über die allgemeinen Befehle Himmlers und Heydrichs für den Einsatz wie auch über den Befehl, »daß in dem Arbeitsraum der Einsatzgruppen im russischen Territorium die Juden zu liquidieren seien ebenso wie die politischen Kommissare der Sowjets«, unterrichtet wurden. Als Überbringer dieses Befehls nennen ehemalige Führer der Einsatzgruppen teils Streckenbach vom Amt I im RSHA, der dies aber bestritt, teils auch SS-Gruppenführer Müller, Amtschef IV im RSHA, der in Begleitung Streckenbachs gekommen sein soll, teils sogar Heydrich selbst. Über die Weisungen berichtete SS-Standartenführer Ohlendorf im Einsatzgruppenprozeß in Nürnberg. Er bestätigte, daß ursprünglich sämtliche jüdischen Männer, Frauen und Kinder erschossen werden sollten, ab Frühjahr 1942 aber auf Befehl Himmlers Frauen und Kinder in Gaswagen getötet wurden, denn »es war ja der Befehl, daß die jüdische Bevölkerung total ausgerottet werden sollte«. Er nannte als Überbringer dieses Befehls Streckenbach.
Den Einsatzkommandos waren neben der Durchführung dieser Vernichtungsmaßnahmen auch noch andere Aufgaben zugewiesen wie die »Sicherstellung« von Material, Archiven und Karteien der kommunistischen Partei und anderer wichtiger politischer Verbände sowie von führenden Emigranten, Saboteuren und Terroristen. Sie hatten außer-

dem nicht nur über ihre Mordaktionen, sondern auch über die Stimmung der Bevölkerung, die wirtschaftliche Situation und die politischen Strömungen zu berichten. Aufgrund ihrer Lageberichte, die sie dem Chef der Sicherheitspolizei und des SD, dem sie während ihres Einsatzes unterstellt waren, erstatteten, wurden im RSHA die sogenannten »Ereignismeldungen UdSSR«, später die »Meldungen aus den Ostgebieten« erstellt. Während die verschiedenen Berichte der Einsatzgruppen selbst nicht erhalten geblieben sind, liegen die »Ereignismeldungen« bzw. die »Meldungen aus den Ostgebieten« vor; sie boten für die Aufklärung der NS-Verbrechen eine der wichtigsten Grundlagen. Eine Auswertung dieser »Ereignismeldungen UdSSR« ermöglichte es, sich über die Zahl der Opfer dieser Vernichtungsaktionen eine Vorstellung zu schaffen. So betrug die Gesamtzahl der Opfer bis April 1942:

bei der Einsatzgruppe A	ca.	250 000
bei der Einsatzgruppe B	ca.	70 000
bei der Einsatzgruppe C	ca.	150 000
bei der Einsatzgruppe D	ca.	90 000
insgesamt:	ca.	560 000

Die größte Vernichtungsaktion wurde in der Einsatzgruppe C durch das Sonderkommando 4a durchgeführt und fand im September 1941 am Stadtrand von Kiew statt. Sie sei als Beispiel, mit welch unfaßbarer Unmenschlichkeit diese Aktionen durchgeführt wurden, eingehender geschildert.

Während die Kommandos zu Beginn ihrer mörderischen Tätigkeit die Gruben vor den Exekutionen noch durch ihre Opfer selbst ausheben ließen und sie nach Beendigung des Mordens wieder säuberlich zuschütteten, gingen sie später dazu über, nach größeren, bereits vorhandenen Geländevertiefungen oder Panzergräben zu suchen und diese als »Gräber« zu benutzen. Eine solche Schlucht fanden sie in der Nähe von Kiew. Sie hieß Babi-Yar und wurde zum Massengrab für 33 000 Juden. Diese Vernichtungsaktion war –

Einsatzgruppen

Hauptmann der Polizei

Außer den Mitgliedern der nebenstehend genannten Organisationen wurde auch ein Polizeibataillon den Einsatzgruppen zugewiesen. Auf jedes Einsatzkommando entfiel etwa ein Zug Ordnungspolizei, deren Angehörige sich von den anderen Einsatzgruppenmitgliedern dadurch unterschieden, daß sie keine neue Uniform erhielten, sondern weiterhin ihre grüne Polizeiuniform und an der Mütze das Polizeiabzeichen trugen.

Die Angehörigen der Polizei wurden bei Erschießungen oft als Schützen eingesetzt. Weltanschaulicher Fanatismus war keine Vorbedingung dabei.

Einsatzgruppen

SS-Rottenführer

Die Uniformen der Einsatzgruppen, die sich in erster Linie aus Gestapo, SD, Sicherheits-, Kriminal- und Grenzpolizei rekrutierten, entsprachen mit dem Hoheitszeichen (Adler) auf dem linken Ärmel dem feldgrauen Dienstanzug der Waffen-SS, nur daß der rechte Kragenspiegel völlig schwarz blieb. Jene Mitglieder der Einsatzgruppen, die vom SD abgestellt worden waren, trugen am linken Ärmel die SD-Raute.

◀ Erschießungen durch Angehörige der Einsatzgruppen im rückwärtigen Heeresgebiet. Ihre Aufgabe lautete: Vernichtung der jüdischen Bevölkerung.

ebenso wie viele andere Exekutionen zuvor – als Umsiedlungsaktion getarnt worden. Die Juden Kiews waren aufgefordert worden, sich zu diesem Zweck bis zum 29. Februar 1941 an der Kreuzung Melnik/Doktorewskaja Straße einzufinden. In der Ereignismeldung Nr. 128 wird über den Verlauf berichtet:

»Obwohl man zunächst nur mit einer Beteiligung von etwa 5000 bis 6000 gerechnet hatte, fanden sich über 30 000 Juden ein, die infolge einer überaus geschickten Organisation bis unmittelbar vor der Exekution noch an ihre Umsiedlung glaubten...«

Ein Angehöriger des Sonderkommandos 4a schilderte den Beginn der Erschießungen:

»Wir hielten auf einer gepflasterten Straße im freien Gelände an, die dort aufhörte. Dort waren unzählige Juden versammelt, und dort war auch eine Stelle eingerichtet, wo die Juden ihre Kleidung und ihr Gepäck ablegen mußten. Nach einem Kilometer sah ich eine große natürliche Schlucht. Es war sandiges Gelände. Die Schlucht war ca. 10 Meter tief, etwa 400 Meter lang, oben etwa 80 Meter breit und unten etwa 10 Meter breit. Gleich nach meiner Ankunft im Exekutionsgelände mußte ich mich zusammen mit anderen Kameraden nach unten in die Mulde begeben. Es dauerte nicht lange, und es wurden schon die ersten Juden über die Schluchtabhänge zugeführt. Die Juden mußten sich mit dem Gesicht zur Erde an die Muldenwände hinlegen. In der Mulde befanden sich drei Gruppen mit Schützen, insgesamt 12 Schützen. Gleichzeitig sind diesen Erschießungsgruppen von oben her laufend Juden zugeführt worden. Die nachfolgenden Juden mußten sich auf die Leichen der zuvor erschossenen Juden legen...«

Um diese Abertausende von Menschen zu liquidieren, reichten zwölf Schützen schließlich nicht aus, und so wurden noch zwei Kommandos eines Polizeiregiments zu den Erschießungen abgestellt. In der Ereignismeldung Nr. 106 vom 7. Oktober 1941 heißt es über die Mordaktion in Kiew:

»In Zusammenarbeit mit dem Gruppenstab und zwei Kommandos des Polizei-Regiments Süd hat das Sonderkommando 4a am 29. und 30.9.1941 33 771 Juden exekutiert...«

Drei Tage nach der Exekution wurde die Schlucht zum Massengrab, indem man die Wände durch Sprengladungen zum Einsturz brachte – die Erdmassen bedeckten die Leichen nur notdürftig. Der Name Babi-Yar wurde zum Symbol für diese Massenmorde großen Stils, die Aktion zum schrecklichen Höhepunkt in dieser ersten Phase der systematischen Vernichtung, denn weder vorher noch nachher wurden von einem Einsatzkommando in so kurzer Zeit mehr als dreißigtausend Menschen umgebracht.

Zu Anfang wurde versucht, die Kräfte der Einsatzkommandos möglichst zu schonen, indem sogenannte Selbstreinigungsaktionen in Gang gebracht wurden. In mehreren Fällen gelang es auch, vorwiegend in Galizien und im Baltikum, antikommunistische und antijüdische Kreise zusammen mit kriminellen Elementen zu Mord und Plünderung aufzuhetzen. Einige Tausend jüdischer Männer, Frauen und Kinder wurden bestialisch erschlagen, erschossen oder auf andere Weise ermordet. Angehörige der Einsatzkommandos, aber auch Wehrmachtssoldaten, nahmen dabei als Zuschauer teil. Doch der Eifer dieser Teile der Bevölkerung, straflos zu rauben, zu plündern und zu morden, erlahmte allmählich, so daß die Einsatzgruppe A in einem Gesamtbericht vom 15. Oktober 1941 melden mußte:

»Es war von vornherein zu erwarten, daß allein durch Pogrome das Judenproblem im Ostland nicht gelöst werden würde. Andererseits hatte die sicherheitspolizeiliche Säuberungsarbeit gemäß den grundsätzlichen Befehlen eine möglichst umfassende Beseitigung der Juden zum Ziel. Es wurden daher durch Sonderkommandos, denen ausgesuchte Kräfte, in Litauen Partisanentrupps, in Lettland Truppen der lettischen Hilfspolizei, beigegeben wurden, umfangreiche Exekutionen in den Städten und auf dem flachen Lande durchgeführt.«

In Litauen bediente sich demzufolge das Einsatzkommando 3 der Hilfe »ausgesuchter Kräfte«, die es Partisanentrupps nannte und die sich offenbar bei den oben erwähnten Pogromen bewährt hatten.

Ein charakteristisches Beispiel für die mörderische Tätigkeit des Einsatzkommandos 3 – in Zusammenarbeit mit diesen »ausgesuchten Kräften« – gibt der Bericht seines Führers, des SS-Standartenführers Jäger vom 1. Dezember 1941, der im Anhang vollständig wiedergegeben ist. In ihm werden für die Zeit vom 4. Juli bis 25. November für jeden Ort gesondert die Exekutionsziffern aufgeführt. Am Ende des nach Art eines Buchhalters erstatteten Berichts werden insgesamt 137 346 Exekutionen zusammengezählt, wobei mit der bürokratischen Pedanterie, die alle Vernichtungsaktionen des Dritten Reiches begleitete, ein kleiner Additionsfehler am Rande korrigiert ist: Die richtige Endsumme lautet 137 448.
In der Auflistung des SS-Standartenführers Jäger wird genau unterschieden nach Juden, Jüdinnen und Judenkindern, russischen Kommissaren und Funktionären, Zigeunern, Kriminellen, Geisteskranken und zwei Deutschen, von denen eine mit einem Juden verheiratet und ein anderer zum jüdischen Glauben übergetreten war und eine Rabbinerschule besucht hatte. Auch 2934 deutsche Juden, die aus Berlin, München und Frankfurt/M. »umgesiedelt« waren, finden sich unter den Opfern.
Nicht immer ließen sich die Juden widerstandslos zur Hinrichtung führen. Unter dem 2. Oktober 1941, »Zagare« wird berichtet:

»633 Juden, 1107 Jüdinn. 496 J.-Ki. (beim Abführen dieser Juden entstand eine Meuterei, die jedoch sofort niedergeschlagen wurde. Dabei wurden 150 Juden sofort erschossen. 7 Partisanen wurden verletzt).«

In diesem Bericht werden des weiteren die Erschießungsaktionen in Kauen, die eine Einheit von ungefähr Kompaniestärke (120 Mann) durchführte, als »Paradeschießen« bezeichnet. Und am Schluß wird geschildert, wie man die überfüllten Gefängnisse in verschiedenen Orten und Städten in Litauen überprüfte und bestimmte Personengruppen teils erschoß, teils auspeitschte und andere, die wie die übrigen auch meist von litauischen Partisanen eingesperrt worden waren, freiließ. Den Freizulassenden wurde in einer Ansprache gesagt:

»Wenn wir Bolschewisten wären, hätten wir Euch erschossen, da wir aber Deutsche sind, geben wir Euch die Freiheit.«

Der Bericht schließt:

»Man kann sich keine Vorstellung machen, welche Freude, Dankbarkeit und Begeisterung diese unsere Maßnahme jeweils bei den Freigelassenen und der Bevölkerung auslöste. Mit scharfen Worten mußte man sich oft der Begeisterung erwehren, wenn Frauen, Kinder und Männer mit tränenden Augen versuchten, uns die Hände und Füße zu küssen.«

Wer jedoch Jude war, durfte auf solche »Großzügigkeit« nicht hoffen. In dem Bericht selbst wird es unverblümt ausgesprochen:

»Ich kann heute feststellen, daß das Ziel, das Judenproblem für Litauen zu lösen, vom EK 3 erreicht worden ist. In Litauen gibt es keine Juden mehr, außer den Arbeitsjuden incl. ihrer Familien.«

Die Absicht des Einsatzkommandos 3, diese »Arbeitsjuden« und ihre Familien gleich mitzuliquidieren, scheiterte an der »scharfen Kampfansage« der Zivilverwaltung und der Wehrmacht, die diese Arbeitssklaven noch dringend benötigte.

Die Morde der Einsatzgruppen waren jedoch nur der erste Schritt einer systematischen Vernichtungsaktion.
Am 20. Januar 1942 fand in dem Berliner Vorort Wannsee eine von Heydrich einberufene Konferenz statt, an der hohe Beamte verschiedener Ministerien sowie Führer der SS- und SD-Dienststellen teilnahmen. Es sollte Klarheit über grundsätzliche Fragen der »Endlösung der Judenfrage« geschaffen werden. Den versammelten Besprechungsteilnehmern wurde ein Überblick über die zahlenmäßige Stärke der zur Vernichtung vorgesehenen jüdischen Minderheiten gegeben. Das Protokoll enthüllt überdeutlich die

Vorstellungen der NS-Machthaber über den Umfang der von ihnen beabsichtigten Mordtaten: Sie planten großzügig, denn sie bezogen auch die Juden aller europäischen Länder einschließlich des neutralen Schweden, der Schweiz, Englands und der nicht besetzten Teile der UdSSR ein, die erst durch kriegerische oder politische Ereignisse für antijüdische Zugriffe zugänglich gemacht werden sollten. Über das beabsichtigte Ausmaß der weiteren Vernichtungsmaßnahmen durch Einsatzkommandos, Ghettoisierung und Deportationen in die Vernichtungslager heißt es im Protokoll, daß im Zuge dieser Endlösung der europäischen Judenfrage rund 11 Millionen Juden in Betracht kämen, die – wie die Tabelle auf der nächsten Seite zeigt – nach Ländern aufgeschlüsselt wurden.
Heydrich sprach auf dieser Konferenz auch von den »praktischen« Erfahrungen, die bereits gesammelt wurden und spielte damit auf die Massenexekutionen der Einsatzgruppen an, die mit der Vernichtung der jüdischen Bevölkerung begonnen hatten, ohne daß dazu schon ein amtlicher Gesamtplan vorlag. Die Aufgabe, die geplante Endlösung zu verwirklichen, fiel dem SS-Obersturmbannführer Eichmann zu.
Obwohl die Einsatzgruppen im Frühjahr 1942 aufgelöst und ihre Mitglieder den stationären Dienststellen der Sicherheitspolizei und des SD zugewiesen wurden, ging das Morden weiter. Welche Ausmaße die Mordaktionen noch im Jahre 1942 annahmen, zeigt eine Meldung des Höheren SS- und Polizeiführers Rußland Süd vom 26. Dezember 1942. Nach dieser wurden in dem Zeitraum von August bis November 1942 363 211 Juden erfaßt, darunter etwa 16 000 Juden des Ghettos Pinsk, das vom 28. Oktober bis 1. November 1942 »geräumt« wurde. Wie eine solche Räumung vor sich ging und welch furchtbaren Szenen sich dabei abspielten, können wir aus dem erhalten gebliebenen Erfahrungsbericht einer Polizeikompanie, die an der Liquidierung beteiligt war, ersehen.

	LAND		ZAHL
A.	Altreich		131800
	Ostmark		43700
	Ostgebiete		420000
	Generalgouvernement		2284000
	Bialystok		400000
	Protektorat Böhmen und Mähren		74200
	Estland – judenfrei –		
	Lettland		3500
	Litauen		34000
	Belgien		43000
	Dänemark		5600
	Frankreich/Besetztes Gebiet		165000
	Unbesetztes Gebiet		700000
	Griechenland		69600
	Niederlande		160800
	Norwegen		1300
B.	Bulgarien		48000
	England		330000
	Finnland		2300
	Irland		4000
	Italien einschl. Sardinien		58000
	Albanien		200
	Kroatien		40000
	Portugal		3000
	Rumänien einschl. Bessarabien		342000
	Schweden		8000
	Schweiz		18000
	Serbien		10000
	Slowakei		88000
	Spanien		6000
	Türkei (europ. Teil)		55000
	Ungarn		742800
	UdSSR		5000000
	Ukraine	2994684	
	Weißrußland ausschl. Bialystok	448184	
	Zusammen über		11000000

Bei den angegebenen Judenzahlen der verschiedenen ausländischen Staaten handelt es sich jedoch nur um Glaubensjuden, da die Begriffsbestimmungen der Juden nach rassischen Grundsätzen teilweise dort noch fehlen...

Darin heißt es:

»Es wurden insgesamt 15 000 dem Sammelplatz zugeführt. Kranke Juden und einzelne in den Häusern zurückgelassene Kinder wurden sofort im Ghetto auf dem Hof exekutiert. Im Ghetto wurden ca. 1200 Juden exekutiert...«

Am Schluß des Berichts werden sodann die bei der Räumung des Ghettos gemachten Erfahrungen, offenbar als Empfehlung an andere Einheiten gedacht, zusammengefaßt:

1. Für die Durchkämmungskräfte ist es unbedingt erforderlich, daß ihnen Beile, Äxte u.a. Werkzeuge mitgegeben werden, da es sich herausgestellt hat, daß fast sämtliche Türen usw. verriegelt bzw. verschlossen waren und nur mit Gewalt geöffnet werden konnten.
2. Wenn auch keine Zugänge zu den Dachböden erkennbar sind, so muß doch damit gerechnet werden, daß sich dort Personen aufhalten. Es ist jeder Dachboden unter Umständen von außen genauestens zu durchsuchen.
3. Wenn auch keine Keller vorhanden sind, so hält sich dennoch eine große Anzahl von Personen in dem kleinen Raum zwischen Erde und Fußboden auf. Diese Stellen sind von außen aufzubrechen und entweder durch Diensthunde nachstöbern zu lassen (bei der Aktion in Pinsk hat sich der Diensthund »Asta« hervorragend bewährt) bzw. ist dort eine Handgranate hineinzuwerfen, worauf in allen Fällen die Juden unverzüglich ins Freie kommen.
4. Es ist mit einem harten Gegenstand die Umgebung der Häuser abzusuchen, da unzählige Personen sich in gut getarnten Erdlöchern versteckt halten.
5. Auf die Hinzuziehung von halbwüchsigen Personen zum Verrat dieser Verstecke unter Zusicherung ihres Lebens wird hingewiesen. Diese Methode hat sich gut bewährt.
6. Erfahrungen bei der Absperrung wurden nicht gemacht.

Saur
Hauptmann der Schutzpolizei
und Komp. Chef.

Dieser Erfahrungsbericht ist ein erschütternder Beweis nicht nur für die Leiden und Ängste, die die Opfer noch vor ihrer Ermordung auszustehen hatten, sondern auch dafür, wie diese Aktionen nach der Art von Kammerjägern, die Ungeziefer gründlich zu vernichten haben, betrieben wurden.

Doch noch größere Leiden und Todesqualen mußte jener Teil der jüdischen Bevölkerung erleiden, der mit Hilfe von Gaswagen umgebracht wurde. Die ersten dieser Fahrzeuge, die den Einsatzkommandos ihre »Arbeit« erleichtern sollten, wurden schon im Dezember 1941 eingesetzt. Niemand hatte eine Chance, sie lebend zu verlassen, denn durch einen Verbindungsschlauch wurden die Auspuffgase in das Wageninnere geleitet. Über die Wirkungsweise dieser Fahrzeuge und den Umfang der damit durchgeführten Morde heißt es in einem Bericht des Reichssicherheitshauptamtes vom 5. Juni 1942:

»Seit Dezember 1941 wurden beispielsweise mit 3 eingesetzten Wagen 97 000 verarbeitet, ohne daß Mängel an den Fahrzeugen auftraten...

Die Beschickung der Wagen beträgt normalerweise 9 – 10 pro m^2...

Es wurde aber in Erfahrung gebracht, daß beim Schließen der hinteren Tür und somit bei eintretender Dunkelheit immer ein starkes Drängen der Ladung nach der Tür erfolgte. Dieses ist darauf zurückzuführen, daß die Ladung bei eintretender Dunkelheit sich nach dem Licht drängt. Es erschwert das Einklinken der Tür. Ferner wurde festgestellt, daß der auftretende Lärm wohl mit Bezug auf die Unheimlichkeit des Dunkels immer dann einsetzt, wenn sich die Türen schließen. Es ist deshalb zweckmäßig, daß die Beleuchtung vor und während der ersten Minuten des Betriebes eingeschaltet wird. Auch ist die Beleuchtung bei Nachtbetrieb und beim Reinigen des Wageninneren von Vorteil.«

Der Zynismus dieser Sprache ist beispiellos: Hier ging es nicht mehr um Menschen, sondern um die »Verarbeitung« von »Ladung« und um das Verhalten des »Ladegutes«, das technische Verbesserungen an diesen Wagen notwendig machte. Mehrere Gaswagenfahrer haben nach dem Krieg über die entsetzlichen Qualen der in diesen Fahrzeugen ermordeten Menschen berichtet. In dem Urteil eines Schwurgerichts vom 21. Mai 1963 wurde hierzu festgestellt:

»Auch in den Fällen, in denen Gaswagen den Exekutionskommandos die Hauptarbeit abnahmen, hatten die Menschen schreckliche Qualen zu erleiden. Eingepfercht wie Vieh, von völliger Dunkelheit umgeben, wurden sie von dem einströmenden Gas überrascht. Voller Angst und Schrecken schrien sie und klopften und traten gegen die Wände, wodurch der schwere Gaswagen ins Schaukeln geriet. Bis zu 15 Minuten dauerte der Todeskampf der Eingeschlossenen. Erst dann hatte das Gas sich zu den entlegeneren Stellen ausgebreitet und auch die dort Stehenden dahingerafft. Die mit Blut, Erbrochenem und Exkrementen beschmierten Leichen sowie auf dem Boden liegende Brillen, Gebisse und Haarbüschel zeugten davon, unter welch gräßlichen Umständen diese Menschen sterben mußten...«

Da die Zivilbevölkerung sehr schnell den wahren Verwendungszweck dieser Wagen, die äußerlich Möbeltransportern ähnelten, erkannte und sie als Todeswagen bezeichnete, versuchte man, sie zu tarnen. An den kleinen Wagen ließ man an jeder Seite einen, an den großen Wagen zwei Fensterläden anbringen, wie man sie oft an den Bauernhäusern auf dem Land sah. In einem Bericht über die Tötung von Geisteskranken der Heil- und Pflegeanstalt Kosten Anfang 1940 wird geschildert, daß der Gaswagen auf beiden Seiten mit großen Lettern die Aufschrift »Kaisers-Kaffee-Geschäft« trug.

Neben diesen Vernichtungsaktionen war den Einsatzkommandos noch ein weiteres »Arbeitsgebiet« zugewiesen, nämlich der Einsatz in den Kriegsgefangenenlagern. Schon kurze Zeit nach dem Überfall auf Rußland kam es zu Abmachungen zwichen dem OKW und den SS-Dienststellen über Aussonderung und Liquidierung nicht nur der russischen Kommissare, sondern auch aller sonstigen potentiellen ideologischen Gegner unter den russischen Kriegsgefangenen. Diese »Säuberung« der Kriegsgefangenenlager hatten besondere Kommandos der Sicherheitspolizei in Stärke von drei bis sechs Mann unter Leitung eines SS-Führers zu übernehmen. Die erste Regelung enthielt der Einsatzbefehl Nr. 8 des Chefs der Sicherheitspolizei und des SD vom 17. Juli 1941, der »Richtlinien für die Aussonderung von Zivilpersonen und verdächtigen Kriegsgefangenen des Ostfeldzuges in den Kriegsgefangenenlagern im besetzten Gebiet, im Operationsgebiet, im Generalgouvernement und in den Lagern im Reichsgebiet« festlegte. In diesem Einsatzbefehl wurde eindeutig bestimmt, daß alle Juden und alle potentiellen Gegner zum Zwecke der Tötung auszusondern waren. In einem weiteren Einsatzbefehl Nr. 9 vom 21. Juli 1941 wurde ergänzend angeordnet: »Die Exekutionen sind nicht öffentlich und müssen unauffällig im nächstgelegenen Konzentrationslager durchgeführt werden.« Auch wenn diese Exekutionen nicht von der Wehrmacht selbst vollzogen wurden, leistete sie durchaus nicht nur passive Hilfe, sondern ordnete die volle Unterstützung der Massenmorde an. Darauf wird an anderer Stelle noch zurückzukommen sein.

Während zunächst nach dem Einsatzbefehl Nr. 8 das Reichssicherheitshauptamt über die durchzuführenden Exekutionen entschied, wurde am 29. Oktober 1941 durch Einsatzbefehl Nr. 14 des Chefs der Sicherheitspolizei und des SD die Entscheidung den Leitern der Einsatzgruppen übertragen.

Wieviele »potentielle Gegner« von den Einsatzkommandos in den Kriegsgefangenenlagern ausgesondert und liquidiert wurden, läßt sich auch annähernd nicht mehr feststellen. Das Amt für Kriegsgefangenenwesen im Allgemeinen Wehrmachtsamt gab in seiner »Nachweisung des Verbleibs der sowjetischen Kriegsgefangenen nach dem Stand vom 1.5.1944« an, daß sich 5 165 381 Sowjetsoldaten in deutscher Kriegsgefangenschaft befunden hätten, von denen durch Flucht und Überstellung an den SD – das bedeutete Exekution – im OKH-Bereich (Operationsgebiet des Heeres) 490 441, im OKW-Bereich (Reichsgebiet und Polen) 539 716 ums Leben gekommen seien – offizielle Zahlenangaben, die in Wahrheit um ein Vielfaches höher liegen dürften und hinter denen die unmenschliche Behandlung der russischen Gefangenen nicht sichtbar wird.

3. DIE »SONDERKOMMANDOS 1005«

Als die Kriegslage für die deutschen Heere im Osten immer aussichtsloser wurde und die Front vor der Roten Armee zurückzuweichen begann, sann die SS darauf, wie die Spuren ihrer Vernichtungsaktionen, die zahllosen Massengräber, beseitigt werden konnten. Zu diesem Zweck wurde unter Leitung des SS-Standartenführers Paul Blobel, der schon bei den Einsatzgruppen-Aktionen dabei gewesen war, ein Sonderkommando gebildet, das mit der Durchführung dieses schauerlichen Unternehmens beauftragt wurde. Blobel betrieb sein Geschäft gründlich: er experimentierte im Vernichtungslager Kulmhof mit Leichenverbrennungen auf Rosten aus Eisenbahnschienen, konstruierte spezielle Verbrennungsöfen und Knochenmühlen. Die gleiche Gründlichkeit, mit der die Vernichtung geplant wurde, trat auch zutage, als es darum ging, die Verbrechen vor der Welt zu verbergen. Keine Spur sollte übrigbleiben.
Die eigentliche Aktion, die nach einem Geschäftszeichen des Reichssicherheitshauptamtes die Bezeichnung »1005« erhielt und dort dem Amt IV unterstand, begann nach Ende der Frostperiode des Winters 1942/43 in den russischen Gebieten und wurde im Sommer und Herbst auf das Generalgouvernement ausgedehnt. Weitere Aktionen fanden, ebenfalls unter der Oberaufsicht Blobels im Bezirk Bialystok, im Reichsgau Danzig-Westpreußen bei Graudenz und Bromberg, im Reichsgau Wartheland, bei Soldau in der Nähe von Allenstein und in Tauroggen bei Tilsit statt. Ein weiteres Sonderkommando hatte die Spuren der Verbrechen in Jugoslawien zu beseitigen. In allen Gebieten erfolgte zunächst durch die örtlichen Dienststellen der Sicherheitspolizei und

des SD eine listen- und karteimäßige Erfassung der Massengräber, die dem RSHA gemeldet wurde. An der Spitze eines Sonderkommandos stand prinzipiell ein Führer der Sipo oder des SD, der zumeist auch an den Massenexekutionen beteiligt gewesen war. Die grauenerregende Arbeit selbst mußte von Juden, die als KZ-Häftlinge dazu gezwungen wurden, später aber auch von männlichen Angehörigen der einheimischen Bevölkerung durchgeführt werden. Als Mitwisser wurden sie anschließend getötet. Wachkommandos der Ordnungspolizei (Gendarmerie- oder Schutzpolizei) begleiteten die Sonderkommandos, um die »Arbeitsstelle« abzuschirmen.
Ein Angehöriger der Schutzpolizei hat im Oktober 1945 den Ablauf einer solchen Aktion detailliert zu Protokoll gegeben, aber nachträgliches Entsetzen über die Ungeheuerlichkeit des Geschehens klingt nicht aus seinem Bericht. Darin heißt es:

»Jeder Häftling war an beiden Beinen gefesselt mit einer 3 – 4 Meter langen Kette. Die Häftlinge waren gekleidet in Zivilkleidung.
...
Die Leichenhaufen wurden nicht zu regelmäßigen Zeiten angezündet, sondern immer, wenn ein oder mehrere Haufen fertig waren, bedeckt mit Holz und getränkt mit Öl und Benzin. Die Häftlinge bekamen reichlicher und einigermaßen gutes Essen, und ich habe gesehen, wie sie einmal Schnaps bei der Arbeit bekommen haben.«

Die Häftlinge, die für »einigermaßen gutes Essen« und »einmal Schnaps« schließlich mit ihrem Leben zahlten, mußten sich auf eine Holzunterlage legen und wurden durch Genickschuß getötet. Ihre Leichen wurden dann genauso verbrannt, wie es für die Aktionen, die sie hatten durchführen müssen, entwickelt worden war. Das übrige »Personal« der Sonderkommandos, Sipo- und SD-Angehörige, veranstaltete oft nach der Beseitigung eines Massengrabes und der Erschießung der Arbeitskräfte einen »Kameradschaftsabend«, denn so wollte es der um die unerschütterliche ideologische Ausrichtung seiner Leute stets besorgte Reichsführer SS. In seiner »Exekutionsordnung« vom 6. Januar 1943 heißt es:

»Nach jeder Exekution sind die daran beteiligten SS-Männer bzw. Beamten durch den Lagerkommandanten oder den von ihm beauftragten SS-Führer über die Rechtmäßigkeit der Exekution aufzuklären und in ihrer inneren Haltung so zu beeinflussen, daß sie keinen Schaden nehmen. Hierbei ist die Notwendigkeit der Ausmerzung aller solcher Elemente im Interesse der Volksgemeinschaft besonders hervorzuheben. Die Aufklärung ist in wirklich kameradschaftlicher Weise vorzunehmen. Sie kann von Zeit zu Zeit in Form eines kameradschaftlichen Beisammenseins erfolgen.«

Um sich von dieser makabren Tätigkeit zu erholen, wurden die Angehörigen der Sonderkommandos 1005 in besondere Erholungsheime der Sicherheitspolizei in Grinizza und Zakopane geschickt. Auch Angehörige der Ordnungspolizei, die zu einem solchen Sonderkommando gehört hatten, waren laut Richtlinien des RSHA nicht mehr als einsatzfähig anzusehen und blieben vom Fronteinsatz verschont.

DIE HÖHEREN SS- UND POLIZEIFÜHRER

Die Institution des HSSPF wurde bereits am 13. November 1937 durch Erlaß des Innenministeriums geschaffen. Sie war zunächst für den Mobilmachungsfall vorgesehen, um alle dem Reichsführer SS und Chef der Deutschen Polizei unterstehenden Einheiten (Ordnungspolizei, Sicherheitspolizei, SS-Verbände) innerhalb der Wehrkreise einem gemeinsamen Führer zu unterstellen. Im Laufe des Krieges versah Himmler diese Institution mit einem sich fortwährend erweiternden Zuständigkeitsbereich. Dazu aus der »Dienstanweisung für die Höheren SS- und Polizeiführer« vom 18. Dezember 1939:

»Der Höhere SS- und Polizeiführer vertritt in seinem Bereich den Reichsführer SS und Chef der Deutschen Polizei hinsichtlich aller

von dem Reichsführer SS und Chef der Deutschen Polizei wahrgenommenen Aufgaben.
Der Höhere SS- und Polizeiführer leitet alle gemeinsamen Vorbereitungen der SS, der Ordnungspolizei und der Sicherheitspolizei und des SD, die der Reichsverteidigungsaufgaben dieser Einrichtung dienen.
Der Höhere SS- und Polizeiführer übernimmt den Befehl über die Waffen-SS und die Allgemeine SS, die Ordnungspolizei und die Sicherheitspolizei und den SD in allen Fällen, in denen ein gemeinsamer Einsatz für bestimmte Aufgaben erforderlich ist.«

Damit waren die Höheren SS- und Polizeiführer die Generalbevollmächtigten Himmlers, die nicht nur die Vorbereitungen für eine Mobilmachung der verschiedenen Organisationen, sondern auch deren gemeinsamen Einsatz zu leiten hatten.
Dabei war der Zweck, den diese Einsätze verfolgten, in den jeweiligen Bereichen unterschiedlich. So war der SS-Obergruppenführer Erich von dem Bach-Zelewski im Bereich Rußland-Mitte vor allem mit dem Kampf gegen Partisanen beauftragt – später ernannte man ihn zum »Chef der Bandenkampfverbände« –, andere wie der SS- und Polizeiführer von Lublin, Odilo Globocnik, wurden zur Durchführung der Vernichtungsmaßnahmen eingesetzt. Globocnik erhielt von Himmler den Befehl zur Vernichtung der Juden des Generalgouvernements. Jürgen Stroop hatte das Warschauer Ghetto zu liquidieren. Er schrieb in seinem Bericht über diese Aktion, daß am 23. April 1943 »vom Reichsführer SS über den Höheren SS- und Polizeiführer Ost in Krakau der Befehl (erging), die Durchkämmung des Ghettos in Warschau mit größter Härte und unnachsichtlicher Zähigkeit zu vollziehen«.
In die Mordaktionen in dem im Warthegau gelegenen Vernichtungslager Chelmno (Kulmhof) war der Höhere SS- und Polizeiführer Koppe eingeschaltet, dem das für die Vernichtungsmaßnahmen herangezogene »Sonderkommando Lange« unterstellt war.
Die starke Stellung der Höheren SS- und Polizeiführer stieß

selbst in der eigenen Organisation auf Widerstand; besonders die Waffen-SS sah sich in ihrem Streben nach Unabhängigkeit eingeschränkt und suchte die Institution des HSSPF möglichst zu ignorieren.
So sah sich Himmler veranlaßt, in einem Brief vom 5. März 1942 an den Chef des SS-Führungshauptamtes zu schreiben:

»Nach den bisherigen Befehlen, die ich mir genau noch einmal durchgelesen habe, ist es praktisch so, daß der Höhere SS- und Polizeiführer der Waffen-SS helfen darf, sonst aber von ihr als lästiger Außenseiter nicht beachtet wird. Es ist also der Idealzustand hier offenkundig festgelegt, daß die Allgemeine SS und Polizei als übriges mieses Volk der Waffen-SS helfen darf. Wenn ich auch genau weiß, daß dies nicht Ihre persönliche Absicht und Ansicht ist, so bitte ich Sie, ebenso radikal wie ich gegen derartige Ansatzpunkte vorzugehen. Es gibt nur eine Gesamt-SS und Polizei und von dieser Gesamtheit ist unsere brave Waffen-SS einer der dienenden Teile.«

Himmler wollte mit der Institution des HSSPF den Zentralämtern das Monopol der Befehlsgebung entreißen und den zunehmenden Konkurrenzkampf der Teilorganisationen einschränken.
Er schuf damit in seinem Machtbereich ein neues Führungsprinzip; die Befehlswege – der Routine- und der Sonderbefehlsweg –, die ihm nunmehr im Reichsgebiet und in den besetzten Gebieten zur Verfügung standen, veranschaulichen die beigefügten Tafeln im Anhang.

DIE KONZENTRATIONSLAGER DES WIRTSCHAFTSVERWALTUNGS-HAUPTAMTES DER SS (WVHA)

Am 1. Februar 1942 wurde unter Leitung von SS-Obergruppenführer Oswald Pohl das Wirtschaftsverwaltungshauptamt aus den bisherigen Ämtern, die mit den Aufgaben für Haushalt, Bauten, Verwaltung und Wirtschaft befaßt waren, geschaffen. Bis zum Kriegsende war es im wesentlichen wie folgt gegliedert:

Amtsgruppe A: Truppenverwaltungsamt
Amtsgruppe B: Truppenwirtschaft
Amtsgruppe C: Bauwesen
Amtsgruppe D: Konzentrationslager
Amtsgruppe W: Wirtschaftliche Untersuchungen.

Die Amtsgruppe D, nunmehr für alle Konzentrationslager, außer vier dem Reichssicherheitshauptamt unterstellten, zuständig, war unterteilt in:

D I: Zentralamt
D II: Arbeitseinsatz der Häftlinge
D III: Sanitätswesen
D IV: Konzentrationslagerverwaltung

Die bis 1939 bestehende Inspektion der Konzentrationslager mit dem Sitz in Oranienburg bei Berlin, die dem SS-Gruppenführer Theodor Eicke unterstanden hatte, war als Amtsgruppe D unter der Leitung des SS-Brigadeführers – später Gruppenführers – Richard Glücks übernommen worden und im einzelnen so gegliedert:

Amt D I: Zentralamt
(Leiter: SS-Obersturmbannführer Liebehenschel)
D I 1: Häftlingsangelegenheiten
D I 2: Nachrichtenwesen, Lagerschutz und Wachhunde
D I 3: Kraftfahrwesen
D I 4: Waffen und Geräte
D I 5: Schulung der Truppe

Amt D II: Arbeitseinsatz der Häftlinge
(Leiter: SS-Standartenführer Maurer)
D II 1: Häftlingseinsatz
D II 2: Häftlingsausbildung
D II 3: Statistik und Verrechnung

Amt D III: Sanitätswesen und Lagerhygiene
(Leiter: SS-Standartenführer Lolling)
D III 1: Ärztliche und zahnärztliche Versorgung der SS
D III 2: Ärztliche und zahnärztliche Versorgung
der Häftlinge
D III 3: Hygienische und sanitäre Maßnahmen
in den Konzentrationslagern

Amt D IV: Konzentrationslager-Verwaltung
(Leiter: SS-Sturmbannführer Burger)
D IV 1: Haushalt, Kassen- und Besoldungswesen
D IV 2: Verpflegung
D IV 3: Bekleidung
D IV 4: Unterkunft
D IV 5: Rechts-, Steuer- und Vertragsangelegenheiten

Unter solch spezifizierter Verwaltung erreichte das System der Konzentrationslager seinen traurigen Höhepunkt: Bis Anfang 1945 wurden 600 000 bis 700 000 Häftlinge in den Lagern »verwaltet«. Bei diesen Zahlen handelt es sich jedoch nur um jene Häftlinge, die zum Arbeitseinsatz eingeplant und nicht zur sofortigen Vernichtung bestimmt waren.
Das WVHA war aber nicht die Alleinherrscherin über diese unglücklichen Menschen, auch das Reichssicherheitshauptamt war eingeschaltet. Dort lagen die Entscheidungen über Einweisung, Deportation, Liquidierung und Entlassung. Zwischen beiden Ämtern kam es gelegentlich zu Interessenkonflikten, denn während es dem WVHA in erster Linie darauf ankam, die Arbeitskraft der Häftlinge für die deutsche Wirtschaft auszubeuten, ging das offensichtliche Bestreben des RSHA auf sofortige Liquidierung.
Rudolf Höß, zuerst Kommandant in Auschwitz und später Chef des Amtes D I im WVHA, schrieb dazu:

»Das RSHA erhob die schwersten Bedenken als der RFSS auf Pohls Vorschlag die Aussortierung der Arbeitsfähigen befahl. Das RSHA war immer für die restlose Beseitigung aller Juden, sah in jedem

neuen Arbeitslager, in jedem Tausend Arbeitsfähiger die Gefahr der Befreiung, das am Lebenbleiben durch irgendwelche Umstände. Keine Dienststelle hatte wohl mehr Interesse am Steigen der Todesziffern als das RSHA, das Judenreferat. Dagegen hatte Pohl den Auftrag des RFSS, möglichst viele Häftlinge zum Rüstungseinsatz zu bringen... RSHA und WVHA waren also genau entgegengesetzter Auffassung...
Die Konzentrationslager standen zwischen RSHA und WVHA...«

Diese verschiedenen Ziele hinderten aber die beiden Ämter schließlich nicht an einer intensiven Zusammenarbeit bei der »Endlösung«. Von den zu diesem Zweck eingerichteten oder bereits bestehenden KZ's angegliederten Vernichtungslagern wird an anderer Stelle noch zu reden sein.

Von 1936 an schuf die SS feste Standorte für die Konzentrationslager, denen SS-Kasernen und SS-Siedlungen angeschlossen wurden. So entstanden neben dem KZ Dachau, das erweitert wurde, im Sommer 1937 Buchenwald bei Weimar und Sachsenhausen bei Berlin-Oranienburg. Später kamen die Konzentrationslager Groß-Rosen (Reg. Bez. Breslau), Flossenbürg (bei Weiden in der Oberpfalz), Neuengamme bei Hamburg und als Frauenlager Ravensbrück in Mecklenburg sowie nach der Besetzung Österreichs Mauthausen bei Linz dazu. Diese Stamm- oder Hauptlager wurden später durch eine große Anzahl von Außenlagern oder Außenkommandos erweitert.
Das Gelände der Konzentrationslager war in drei Bereiche aufgeteilt: Kommandantur, SS-Siedlungen und eigentliches Lager. Im Kommandanturbereich befanden sich die Verwaltungsgebäude, die Kasernen, die Häuser der SS-Führer, etwas abgesondert davon die Wirtschafts- oder auch die Rüstungsbetriebe. Die SS-Siedlungen lagen wenige Kilometer vom Lagerbereich entfernt und standen den SS-Führern, die nicht im Kommandanturbereich untergebracht waren, und SS-Unterführern, die längere Zeit am Standort blieben, zur Verfügung.

Höhere SS- und Polizeiführer

SS-Obergruppenführer im Dienstanzug mit Mantel und Säbel

Die HSSPF bekleideten sämtlich hohe SS-Ränge: meist waren sie Obergruppenführer und gleichzeitig Generale der Polizei. Ihre Uniform entsprach der im Kriege eingeführten feldgrauen SS-Uniform, wurde aber, wie bei allen hohen SS-Führern, oft individuell variiert: weißes Hemd, geschlossener Kragen usw. Ab Standartenführer aufwärts zeigten beide Kragenspiegel die Rangabzeichen.

◀ Parade von SS- und Polizeitruppen in Krakau vor Generalgouverneur Frank, Heinrich Himmler sowie hohen SS-Führern und Polizeigeneralen.

Der eigentliche Lagerbereich war umgeben von einem hohen, meist elektrisch geladenen Drahtzaun, der in bestimmten Abständen von Wachtürmen, auf denen Wachen mit Maschinengewehren postiert waren, unterbrochen wurde. Dahinter verlief noch eine Sperrzone von mehreren Metern Breite. Der Eingang zum Lager führte durch ein Tor, meist ein einstöckiges Gebäude mit einem Turmaufbau in der Mitte, der mit Aufschriften wie »Arbeit macht frei« (KZ Dachau) oder »Jedem das Seine« (KZ Buchenwald) versehen war. Dahinter erstreckte sich ein großer, weiter Platz, auf dem die Häftlinge zum Appell antreten mußten und der von den Häftlingsunterkünften, Holzbaracken oder einstöckigen Steinblocks, sowie Krankenrevier, Küche und Wäscherei umgeben war. Die Lagerstraßen waren so breit angelegt, daß die Häftlinge in Achterreihen zum Appellplatz geführt werden konnten.

1. DIE KATEGORIEN DER GEFANGENEN

Vier Personengruppen hatten die NS-Machthaber dazu verurteilt, vom normalen Leben ferngehalten und in Konzentrationslager eingewiesen zu werden.

1. Angehörige »minderwertiger Rassen« und »rassenbiologisch Minderwertige«
2. Politische Gegner
3. Kriminelle
4. Asoziale

Zur ersten Gruppe zählten vor allem die Juden, denen in Hitlers Staat nicht die geringste Lebenschance gelassen wurde. Ein ähnliches Schicksal, wenn auch nicht in solchen Ausmaßen, hatten die Zigeuner zu erleiden.
Der größte Teil der »Politischen« gehörte Parteien wie SPD und KPD an, die von den braunen Machthabern als Volksfeinde diffamiert, verboten und verfolgt wurden. Hinzu kamen parteilose Persönlichkeiten, die dem Nationalsozia-

lismus ablehnend gegenüberstanden und dies auch offen verkündet hatten. Der Opposition wurden auch die kirchlichen Gegner zugerechnet sowie Mitglieder von Sekten, besonders die Bibelforscher, die schon 1933 verboten wurden, weil sie es ablehnten, auf Hitler einen Eid zu schwören und den Wehrdienst abzuleisten. Im Juni 1937 wurden sie auf Befehl des Innenministers, damals noch Frick, von der Gestapo verhaftet und in Konzentrationslager eingewiesen.

Den »Politischen« wurden ferner Schwarzhörer und Leute, die gegen die Devisenbestimmungen verstoßen hatten oder durch Denunzierungen in die Maschinerie der Gestapo geraten waren, zugeordnet.

Als Kriminelle bezeichneten die Nationalsozialisten auch Menschen, die ihre Straftaten bereits abgebüßt hatten. Sie erhielten keine Gelegenheit, in ein geordnetes Leben zurückzufinden. Neben den sogenannten »Befristeten Vorbeugungs-« (BV) Häftlingen, die irgendwann einmal verurteilt worden waren, gab es die »Sicherungsverwahrten« (SV-Häftlinge), die nach Verbüßung ihrer eigentlichen Strafe sofort in ein KZ eingewiesen wurden. Die BV- und SV-Häftlinge wurden von der Kriminalpolizei an die Gestapo überstellt.

In die Kategorie der Asozialen ordnete die Gestapo großzügig alle ihr mißliebigen Personen ein wie Landstreicher, Taschendiebe, Trinker, Zuhälter. Aber es reichte auch schon, mehrere Male zur Arbeit zu spät gekommen zu sein oder den Arbeitsplatz ohne Genehmigung gewechselt zu haben, um als sogenannter »Arbeitsscheuer« ins KZ zu kommen. Unter die Kategorie »Asoziale« fielen ferner die Homosexuellen, wobei schon der bloße Verdacht genügte, um von der Gestapo verhaftet zu werden.

Um diese Häftlingsgruppen voneinander unterscheiden zu können, erhielten sie verschiedene Kennzeichen, die aus einer Nummer und einem farbigen Dreieckswinkel an der linken Brustseite und am rechten Hosenbein bestanden. (In

Auschwitz wurden den Häftlingen Nummern am linken Vorderarm eintätowiert.)
Die *Politischen* bekamen ein *rotes* Dreieck. Zum zweiten Mal Eingelieferte (Rückfällige) zusätzlich einen gleichfarbigen Querstreifen über dem oberen Winkelrand.
Die *Kriminellen* führten ein *grünes* Dreieck mit dem aufgedruckten Buchstaben »S«.
Die *Bibelforscher* mußten ein *violettes* Dreieck tragen.
Die *Asozialen* wurden durch ein *schwarzes* Dreieck gekennzeichnet.
Die *Zigeuner* und bestimmte Asoziale trugen ein *braunes* Dreieck.
Die *Juden* wurden meist in eine dieser Kategorien eingereiht und mußten zusätzlich zu ihrer roten, grünen oder schwarzen Markierung ein querstehendes gelbes Dreieck tragen, so daß ein sechszackiger Stern entstand.
Dazu kamen noch besondere Zeichen. Bei sogenannten Arbeitserziehungshäftlingen stand auf dem schwarzen Winkel noch ein »A«, Fluchtverdächtigen wurde auf Brust und Rücken eine weiß-rote Zielscheibe angebracht. Selbst für geistig Behinderte wurde ein Abzeichen geschaffen, sie erhielten eine Armbinde mit der zynischen Aufschrift »Blöd«.

2. DAS PERSONAL DER KONZENTRATIONSLAGER

Vor dem Krieg stellten die am Standort des Lagers kasernierten SS-Totenkopf-Einheiten meist die Blockführer, die Kommandoführer und die Wachmannschaften, die in eigenen Wachbataillonen zusammengefaßt waren.
Nach 1939 wurden dann die Block- und Kommandoführer in die Stamm-Mannschaft übernommen, während die SS-Totenkopf-Truppen, deren Zusammensetzung während des Krieges häufig wechselte, nur noch als Posten für die Wachtürme und die Arbeitskommandos eingesetzt wurden.

Als Beispiel für den Werdegang von KZ-Bewachern seien drei Männer genannt, die in Auschwitz traurige Karriere machten.
Josef Erber, 1936 in die Sudetendeutsche Partei und die Allgemeine SS eingetreten, erhielt im Oktober 1940 seine Einberufung zu einer Totenkopf-Einheit in Berlin. Noch im gleichen Monat schickte man ihn nach Auschwitz; er gehörte zunächst zur Wachmannschaft des Lagers, kam dann für einige Monate zur Waffenmeisterei und wurde Mitte 1942 zur Politischen Abteilung im Lager Auschwitz I versetzt. Im September übernahm er die Aufnahmeabteilung des Frauenlagers in Auschwitz-Birkenau. Im Februar 1944 wurde er zum SS-Oberscharführer befördert und mit dem Kriegsverdienstkreuz II. Klasse ausgezeichnet. Das Schwurgericht Frankfurt befand ihn nach dem Krieg des gemeinschaftlichen Mordes in siebzig Fällen für schuldig und verurteilte ihn zu lebenslangem Zuchthaus.
Oswald Kaduk trat Ende 1939 in die Allgemeine SS ein und wurde 1940 zur Waffen-SS nach Berlin eingezogen. Er kam an die Ostfront, aber nach einigen Erkrankungen und Lazarettaufenthalten versetzte man ihn 1941 nach Auschwitz, wo er zunächst beim Wachsturmbann, dann als Block- und als Rapportführer Dienst tat. Im Frankfurter Auschwitz-Prozeß wurde er als einer der Hauptbeschuldigten zu lebenslangem Zuchthaus wegen Mordes in zehn Fällen und des gemeinschaftlichen Mordes in mindestens tausend Fällen verurteilt, wobei das Gericht feststellte, daß er »einer der grausamsten, brutalsten und ordinärsten SS-Männer im Konzentrationslager Auschwitz« war.
Josef Kehr, seit 1932 Mitglied der Allgemeinen SS, wurde im August 1939 zur Waffen-SS eingezogen, zunächst der Wachmannschaft von Buchenwald zugeteilt und schließlich im Oktober 1941 nach Auschwitz versetzt. Er war als Sanitäter an Tötungen von Häftlingen durch Spritzen beteiligt, wofür er im gleichen Prozeß wie Kaduk wegen Mordes in mindestens 475 Fällen und wegen Beihilfe zum gemein-

schaftlichen Mord in mehreren hundert Fällen zu lebenslangem Zuchthaus verurteilt wurde.
Eine besonders unheilvolle Rolle in den KZ's spielten die Lagerärzte, die zum festen Personal zählten. An der Spitze rangierte der Standortarzt der Waffen-SS, der der Amtsgruppe D III »Leitender Arzt Konzentrationslager« im WVHA verantwortlich war. Ihm nachgeordnet war der Lagerarzt. Diese Ärzte der SS erlangten schreckliche Berühmtheit durch ihre Experimente und »Versuchsreihen«, die mit Wissen und Genehmigung Himmlers vor allem in den großen Lagern stattfanden, die grausigsten davon in Dachau, Buchenwald, Sachsenhausen, Natzweiler, Ravensbrück und Auschwitz:
Fleckfieber-Impfstoff-Versuche in Buchenwald und Natzweiler (Struthof);
Sulfonamidversuche und Knochentransplantationen im Frauenlager Ravensbrück;
Phlegmonenversuche in Dachau. Als Versuchspersonen wurden hierbei katholische Geistliche aller Nationen und Ordensbrüder ausgesucht;
Lost- und Phosgenversuche in Sachsenhausen und Natzweiler-Struthof;
Malariaversuche sowie Höhendruck- und Unterwasserversuche in Dachau;
Sterilisationsversuche in Auschwitz.
Die meisten dieser Versuchpersonen starben jämmerlich oder wurden zeitlebens verstümmelt. Die akademisch gebildeten Herrenmenschen waren ebenso wie bei der Euthanasie zu Unmenschen entartet, denen das Gefühl für Menschlichkeit völlig abging.

3. DIE ORGANISATION DER KONZENTRATIONSLAGER

Die *innere Organisation* unterschied zwischen Kommandantur, Kommandanturstab (Verwaltung) und Lagerführung.

Der Kommandant mit seiner Adjutantur hatte die volle Verfügungsgewalt und war dem Wirtschaftsverwaltungshauptamt im Rahmen der gegebenen Richtlinien verantwortlich.
Der Verwaltungsführer war der Kommandantur unterstellt und hatte für alle wirtschaftlichen Angelegenheiten des Lagers zu sorgen. In größeren Lagern wurde er von Hilfspersonal unterstützt.
Dem Häftlingslager selbst standen die Lagerführer vor. Sie trafen die der SS notwendig erscheinenden Maßnahmen unter der Kontrolle der Kommandantur. Der Rapportführer war das Verbindungsglied zwischen dem Lagerführer und dem Lager selbst. Über sein Büro wurden die Angelegenheiten der Häftlinge dem Lagerführer zugeleitet.
Dem Rapportführer waren die Blockführer untergeben, die die einzelnen Wohnblocks der Häftlinge unter ihrer Aufsicht hatten.
Für die *Organisation des Arbeitsbereiches* gab es einen Arbeitsdienstführer – später wurde ihm noch ein Arbeitseinsatzführer vorgesetzt –, der den Gefangenen die Arbeitsplätze zuwies, ihnen die Arbeitsbedingungen mitteilte und die Transporte für die Arbeits-Außenkommandos zusammenstellte.
Die Gestapo war im Lager durch die Politische Abteilung vertreten, über die auch Einweisungen und Entlassungen von Häftlingen abgewickelt wurden. Die rüden Vernehmungsmethoden der Gestapo waren bei den Häftlingen besonders gefürchtet.
Daneben existierte noch eine Selbstverwaltung der Häftlinge, an deren Spitze der Lagerälteste stand, der von der SS eingesetzt wurde und ihr gegenüber der verantwortliche Vertreter des Lagers war. Die Schreibstube war mit Karteiführung, Einweisung in die Wohnblocks, Appellvorbereitung, Verpflegungszuteilung usw. beauftragt. Weiterhin gab es für die einzelnen Wohnblocks Blockführer und Blockälteste, die sich zu ihrer Unterstützung für jeden Wohnflügel der Stubenältesten bedienen konnten, die mit der wichtigen

Aufgabe der Essensverteilung an die Blockinsassen betraut waren. Für den Arbeitsbereich hatten die Häftlinge eine Arbeitsstatistik zu führen, in der die Belegschaft des Lagers nach Berufen erfaßt und die geleistete Arbeitszeit verrechnet wurde. Sache der Häftlinge war es auch, meist binnen kurzer Fristen Tausende von Häftlingen für eine bestimmte Arbeit oder für einen Transport zusammenzustellen.
Die Arbeitskommandos wurden befehligt von sogenannten Kapos (Kurzform des französischen Caporal = Hauptmann), Häftlingen, die dem SS-Kommandoführer verantwortlich waren. Sie teilten zur Arbeit ein und führten die Aufsicht, mußten aber selbst nicht arbeiten. Ihnen standen außerdem noch Vorarbeiter zur Seite.
Die Lagerältesten, die Blockältesten, die Kapos und die Vorarbeiter wurden durch schwarze Binden mit weißer Aufschrift am linken Arm kenntlich gemacht.

Im Rahmen dieses Organisationsschemas herrschten Sadismus, Brutalität, Mißhandlungen als Methoden der Vernichtung. Umfang und Zahl der willkürlichen Morde sind unübersehbar. Sie wurden stillschweigend geduldet, obwohl offiziell nur das Reichssicherheitshauptamt und der Reichsführer SS über Leben oder Tod eines Häftlings entscheiden durften. Die Lagerkommandanten konnten jedoch Exekutionsanträge stellen, deren Unterzeichnung sie häufig den Leitern der Politischen Abteilungen überließen. Wann solche Anträge zu stellen waren, legten zwei Weisungen an die Lagerkommandanten vom 26. Januar und vom 11. April 1944 fest: Hinrichtungen waren zu beantragen, wenn Häftlinge auf der Flucht Diebstähle oder andere Straftaten begangen oder in Rüstungsbetrieben Sabotage verübt hatten. Unabhängig von dem vorgeschriebenen Befehlsweg war der Willkür Tür und Tor geöffnet. Die Kommandanten ließen Häftlinge nach eigenem Gutdünken oder nach Lust und Laune töten, was – wenn es sich beispielsweise um arbeitsunfähige oder an Seuchen erkrankte Häftlinge han-

delte – nicht nur stillschweigend geduldet, sondern sogar begrüßt wurde.
Als das Kriegsende nahte, sollten die Lager im Osten geräumt, die Häftlinge verlegt werden. Für viele war es das Todesurteil, denn die Verlegung erfolgte – von einigen Bahntransporten abgesehen – meist in langen, anstrengenden Märschen, bei denen Tausende der ohnehin ausgezehrten Menschen vor Erschöpfung liegen blieben und von den SS-Begleitmannschaften erschossen wurden.
Aber nicht nur die SS fühlte sich in diesen letzten Kriegswochen bemüßigt, das sinnlose Morden fortzusetzen. Als beispielsweise eine Häftlingskolonne am 13. April 1945 auf ihrem Marsch aus dem Nebenlager Rottleberode des KZ Mittelbau-Dora kurzfristig in einer großen Scheune in der Nähe von Gardelegen untergebracht wurde, veranlaßte der seit Kriegsende verschollene Kreisleiter der NSDAP, daß die Scheune in Brand gesetzt wurde. Über tausend Häftlinge fanden den Tod.
Von den Konzentrationslagern, die dem Wirtschaftsverwaltungshauptamt unterstanden, sollen im folgenden zwei gesondert genannt werden: Auschwitz-Birkenau und Lublin-Majdanek, denn diese beiden entwickelten sich zu Todesfabriken größten Ausmaßes.

4. AUSCHWITZ–BIRKENAU

Ursprünglich als Durchgangslager für etwa 10 000 Häftlinge geplant, wurde Auschwitz ab Ende 1940 auf Befehl Himmlers ausgebaut und durch die Anlage eines weiteren Lagers in Birkenau, wenige Kilometer entfernt, ergänzt. Im Juni 1941 bestellte Himmler den Lagerkommandanten Rudolf Höß zu sich; er machte ihn mit der geplanten Endlösung der Judenfrage bekannt und wies ihn an, deren Einzelheiten mit Eichmann zu besprechen. Im Januar 1942 fand in Birkenau die erste Vergasung von oberschlesischen Juden statt – in einem zur Gaskammer umgebauten Bauernhaus.

Totenkopfverbände
SS-Rottenführer
im feldgrauen Dienstanzug

Diese 1934 als Wachmannschaften für die neueingerichteten Konzentrationslager der SS aufgestellten Einheiten gehörten seit Kriegsbeginn zur Waffen-SS und trugen seitdem die feldgraue Uniform statt der schwarzen. Anders als bei der Waffen-SS waren auf dem rechten Kragenspiegel jedoch nicht die SS-Runen zu sehen, sondern als besonderes Kennzeichen der Totenkopf, der diesen Einheiten ihren Namen gab.

◀ Selektion in Auschwitz-Birkenau. Ein Mitglied der Wachmannschaft weist den neu eingetroffenen Juden ihren Weg: ins Gas oder zum Arbeitseinsatz.

Im März trafen die ersten Transporte ein: etwa 1000 slowakische Jüdinnen und über tausend Juden aus Paris. Das Programm Eichmanns war angelaufen. In der zweiten Hälfte des Jahres 1942 wurde mit dem Bau der Großkrematorien begonnen, die zwischen März und Juni 1943 fertig wurden und sich zu wahren Vernichtungsfabriken entwickelten: in den Krematorien konnten pro Tag bis zu 4700 Leichen verbrannt werden. Diese »Mordkapazität« wurde noch dadurch gesteigert, daß in den beiden großen Gaskammern – den sogenannten Leichenkellern – auf einmal je zwei- bis dreitausend Menschen umgebracht werden konnten.
Im November 1943 wurde Auschwitz in drei selbständige, aber dem Kommandanten des Stammlagers unterstellte Lager aufgeteilt: Auschwitz I (Stammlager), Auschwitz II (Birkenau), Auschwitz III (Bunafabrik Monowitz und alle anderen Außenlager).
Im Umkreis des Lagers errichteten Industriebetriebe wie Siemens-Schuckert, Krupp und vor allem IG-Farben ihre Niederlassungen. Im Buna-Werk der IG-Farben arbeiteten 35 000 Häftlinge, von denen 25 000 die harte Arbeit und die unmenschlichen Bedingungen nicht überlebten. Ihre Lebenserwartung betrug höchstens fünf bis sechs Monate; in den oberschlesischen Kohlengruben, denen ebenfalls Häftlinge »geliefert« wurden, nur einen Monat. Die »unbrauchbar« gewordenen Arbeitskräfte mußten den Weg in die Gaskammern gehen und wurden durch »frische« Kräfte aus neuen Transporten ersetzt. Der Mord war zugleich zum Geschäft geworden.

Als Höß im Juni 1942 den Befehl erhielt, sich in Auschwitz auf die Vernichtungsmaßnahmen vorzubereiten, besuchte er das Vernichtungslager Treblinka, um dort Informationen zu sammeln. Seine »Verbesserung« gegenüber Treblinka bestand darin, daß er Gaskammern bauen ließ, die »2000 Menschen auf einmal fassen konnten, während die zehn Gaskammern in Treblinka nur je 200 Menschen fassen konnten«. Über die Selektion der Opfer in »seinem« Lager berichtete Höß in seinen autobiographischen Aufzeichnungen.

»Zwei SS-Ärzte waren in Auschwitz tätig, um die einlaufenden Gefangenentransporte zu untersuchen. Die Gefangenen mußten bei einem der Ärzte vorbeigehen, der bei ihrem Vorbeimarsch durch Zeichen die Entscheidung fällte. Diejenigen, die zur Arbeit taugten, wurden ins Lager geschickt. Kinder im zarten Alter wurden unterschiedslos vernichtet, da aufgrund ihrer Jugend sie unfähig waren, zu arbeiten.«

Wieviele Menschen eines Transportes bei der Selektion in Auschwitz für den Arbeitseinsatz ausgewählt und wieviele »sonderbehandelt«, das heißt ins Gas geschickt wurden, geht aus einer Meldung vom 5. März 1943 an das Wirtschaftsverwaltungshauptamt hervor:

Betrifft: Abtransport von jüdischen Rüstungsarb. Am 5. und 7. März trafen folgende jüdische Häftlingstransporte ein:
Transport aus Berlin, Eingang 5. März 1943, Gesamtstärke 1128 Juden. Zum Arbeitseinsatz gelangten 389 Männer (Buna) und 96 Frauen. Sonderbehandelt wurden 151 Männer und 492 Frauen und Kinder. Transport aus Breslau, Eingang 5. März 1943, Gesamtstärke 1405 Juden. Zum Arbeitseinsatz gelangten 406 Männer (Buna) und 190 Frauen. Sonderbehandelt wurden 125 Männer und 684 Frauen und Kinder. Transport aus Berlin, Eingang 7. März 1943, Gesamtstärke 690 einschließlich 25 Schutzhäftlingen. Zum Einsatz gelangten 153 Männer und 25 Schutzhäftlinge (Buna) und 65 Frauen. Sonderbehandelt wurden 30 Männer und 417 Frauen und Kinder.

gez. Schwarz – Obersturmführer

Die in Auschwitz begangenen Verbrechen können an dieser Stelle auch nicht andeutungsweise wiedergegeben werden. Die Gesamtzahl der getöteten Menschen liegt nach verschiedenen Berechnungen zwischen mindestens 750 000 (so Reitlinger) bis über eine Million. Auschwitz war zum Symbol der nationalsozialistischen Ausrottungspolitik geworden.

Albert Speer, Hitlers ehemaliger Rüstungsminister, schreibt in seinen *Spandauer Tagebüchern* unter dem 31. März 1947:

»Ich muß wieder daran denken, daß es natürlich auch auf der Gegenseite zahlreiche Kriegsverbrechen gegeben hat. Aber man kann und darf sie, wie ich fest glaube, nicht zur Rechtfertigung der Verbrechen auf der eigenen Seite benutzen. Verbrechen sind überhaupt nicht aufrechnungsfähig. Überdies ist der Charakter der NS-Verbrechen außergewöhnlich gegenüber allem, was auf der Gegenseite vorliegen mag.«

Am 17. Januar 1945, als sich die russischen Truppen näherten, wurde das Lager geräumt. Über 54 000 Häftlinge mußten einen Evakuierungsmarsch antreten. Soweit sie überlebten, wurden sie auf zahlreiche Lager innerhalb Deutschlands verteilt.
Eine gewisse Sonderstellung im Lager Auschwitz nahmen die Zigeuner ein. Für sie war im Lagerabschnitt B II e (Birkenau) das sogenannte »Familienlager« geschaffen worden. Dies führte oft zu der falschen Schlußfolgerung, daß die Zigeuner sämtlich sofort in das Vernichtungslager gekommen seien. Tatsächlich führte dieses Zigeunerlager jedoch ein Eigenleben und unterschied sich von dem übrigen KZ in einigen Punkten:
Die Insassen des Zigeunerlagers bekamen als einzige Häftlingsgruppe eine neu beginnende Nummernreihe mit einem davorstehenden »Z«. Männer und Frauen wurden nicht wie die anderen Häftlinge getrennt, sondern blieben als Familien zusammen. Sie durften sowohl ihre eigene Kleidung wie auch ihre Musikinstrumente behalten. Sie waren nicht verpflichtet, die Wachmannschaften zu grüßen und vor ihnen stramm zu stehen. Das Kopfhaar wurde ihnen nicht kahlgeschoren.
Arbeitsfähige Zigeuner mußten zwar, wie andere Häftlinge auch, schwerste Arbeit verrichten, aber die arbeitsunfähigen unter ihnen blieben im Lager, wurden nicht sofort in die Gaskammern geschickt.

Grundlage für die Deportation der Zigeuner war der sogenannte Auschwitz-Erlaß des Reichssicherheitshauptamtes vom 29. Januar 1943, der als Kernstück aller Zigeunerbestimmungen gilt. Darin heißt es:

»Betrifft: Einweisung von Zigeunermischlingen, Ròm-Zigeunern und balkanischen Zigeunern in ein Konzentrationslager.
1. Auf Befehl des Reichsführers SS vom 26.12.1942 sind Zigeunermischlinge, Ròm-Zigeuner und nicht deutschblütige Angehörige zigeunerischer Sippen balkanischer Herkunft nach bestimmten Richtlinien auszuwählen und in einer Aktion von wenigen Wochen in ein Konzentrationslager einzuweisen... Die Einweisung erfolgt ohne Rücksicht auf den Mischlingsgrad familienweise in das Konzentrationslager (Zigeunerlager) Auschwitz. Die künftige Behandlung der reinrassigen Sinte- und der als reinrassig geltenden Lalleri-Zigeuner-Sippen bleibt einer späteren Regelung vorbehalten.«

Dieser »Auschwitz-Erlaß« gilt im allgemeinen als der Beginn der Verfolgung der Zigeuner aus rassischen Gründen, obwohl schon am 30. Januar 1940 bei einer Besprechung über »Räumungsaufgaben« im RSHA-Amt D4 festgelegt worden war, daß als »letzte Massenbewegung die Abschiebung von sämtlichen Juden der Ostgaue und von 30000 Zigeunern aus dem Reichsgebiet in das Generalgouvernement erfolgen« sollte. Schon wenige Wochen nach dem Erlaß, am 26. Februar, traf der erste Zigeunertransport aus Deutschland in Auschwitz ein; bis zum 25. März folgten sämtliche betroffenen Familien, schätzungsweise 10000 Menschen. Von den Maßnahmen ausgenommen waren einige Sippen, in denen der Reichsführer SS Überreste wertvolleren, gar »arischen« Blutes vermutete. Ferner blieben neben diesen sogenannten reinrassigen Vollzigeunern jene Mischlinge verschont, die »sozial angepaßt« waren, das heißt seit mindestens fünf Jahren in bürgerlichen Wohnungen lebten. Nach welchen Kategorien die Zigeuner eingeteilt und definiert wurden, geht aus einem Runderlaß Himmlers vom 7. August 1941 über die »Auswertung der rassenbiologischen Gutachten über zigeunerische Personen« hervor:

»Stammeszugehörigkeit:
1. Ausländische zigeunerische Personen gehören folgenden Stämmen an:
   a) ›Ròm‹ aus Ungarn (ungarische Zigeuner). Ihre Vorfahren sind etwa um 1870 aus Ungarn ohne Ausweispapiere nach Deutschland eingewandert. Sie gehören einem Händlerschlag an, der bestimmte rassische Merkmale mit den Juden gemeinsam hat.
   b) Gelderari. Sie gehören zu dem großen Stamm der ›Rom-Zigeuner‹, stammen von Kesselflickern aus dem Balkan ab und unterscheiden sich von den übrigen ›Ròm-Zigeunern‹ durch besonders urtümliche Rassenmerkmale.
   c) Lowari. Sie gehören einem um 1900 aus dem ehemaligen Österreich insbesondere Böhmen, Mähren, und der Slowakei nach Deutschland eingewanderten Zigeunerstamm an.
   d) Angehörige zigeunerischer Sippen balkanischer Herkunft. Diese fremdstämmigen Personen sind Abkömmlinge von Bärentreiberfamilien aus dem Balkan. Sie ziehen nach Zigeunerart umher, unterscheiden sich aber wesentlich von den in Deutschland lebenden Zigeunern.
2. Inländische zigeunerische Personen.
   a) Ihre Stammesbezeichnung ist ›Sinte‹ mit verschiedenen Untergruppenbezeichnungen. Ihre Vorfahren lebten teilweise schon mehrere Generationen hindurch in Deutschland. Manche von ihnen haben die deutsche Staatsangehörigkeit erworben.«

Diejenigen Zigeuner, die aufgrund des Auschwitz-Erlasses ins Konzentrationslager eingewiesen wurden, fielen zum größten Teil drei Tötungsaktionen zum Opfer:

1. In der letzten Märzwoche 1943 wurden etwa 1700 Zigeuner aus Bialystok eingeliefert. Sie waren flecktyphusverdächtig, wurden nicht nummernmäßig registriert, sondern isoliert und während einer abends angeordneten »Lagersperre« in den Gaskammern getötet.

2. Am 25. Mai 1943 erfolgte die zweite Massentötung. Aus einer Gruppe von mehreren hundert Zigeunern aus Bialystok und Österreich wurden die Kranken und Typhusverdächtigen während einer Lagersperre vergast.

3. Am 31. März 1943 hatten die männlichen Zigeuner die Zahl Z 5793 und die Frauen die Zahl Z 6466 erreicht. Von

diesen waren bis Ende Juli 1943 infolge von Todesfällen nur noch ca. 6000 Personen übrig geblieben. Am 31. Juli 1944 wurden etwa 3000 Arbeitsfähige nach Buchenwald, Ravensbrück und ins Stammlager Auschwitz I verlegt, die Zurückgebliebenen am 1. August 1944 vergast.
Diese drei Massenvergasungen scheinen zunächst dafür zu sprechen, daß die Zigeuner einer planmäßigen Vernichtung zum Opfer fielen; die Nachforschungen haben jedoch keinen Anhaltspunkt dafür ergeben, daß aus Berlin ein spezieller Befehl ergangen ist. Offensichtlich wurde die Vernichtung der Zigeuner vom Lagerkommandanten Höß auf Initiative des Lagerarztes Dr. Mengele veranlaßt. Die Zigeuner waren also nicht, wie die Juden, von vornherein infolge ihrer Fremdrassigkeit als vorbestimmte Todeskandidaten abgestempelt – zumindest läßt sich eine systematische Ermordung nicht dokumentarisch nachweisen. Natürlich ist davon auszugehen, daß keiner der professionellen Massenmörder in Berlin, weder Himmler, Heydrich, Kaltenbrunner und Eichmann noch Hitler selbst Einwände gegen ihre Vernichtung erhoben hätten.

5. LUBLIN-MAJDANEK

Anfänglich ein Kriegsgefangenenlager für Polen und russische Juden wurde Majdanek bis Februar 1943 zum Konzentrationslager für etwa 20 000 Personen erweitert. Gaskammern wurden gebaut, in denen wie in Auschwitz mit Zyklon B getötet wurde, dazu Krematorien mit fünf Feuerräumen und Leichenverbrennungsrosten. Aber in Majdanek entledigte man sich der Häftlinge auch durch Massenerschießungen. So wurden im November 1943 im Distrikt Lublin 45 000 Menschen, davon in Majdanek 18 000, erschossen. Opfer einer Erschießungsaktion des SS- und Polizeiführers Globocnik wurden im Herbst 1943 auch zahlreiche Insassen der sogenannten Julags – Judenarbeitslager, die in der Nähe von Majdanek entstanden waren, mit dem Kon-

zentrationslager aber nicht unmittelbar zu tun hatten, sondern für private Rüstungsfirmen arbeiteten.
Im übrigen spielten sich in Majdanek, wie in allen Lagern in Hitlers Herrschaftsbereich, neben den systematischen Vernichtungsaktionen, Dinge ab, die jenseits alles Begreifens liegen: sadistische Quälereien durch die Wachmannschaften und Aufseherinnen, Brutalität, Terror und willkürliche Morde. Wie schwer es jedoch ist, die Verantwortlichen für ihre Taten heute noch zur Rechenschaft zu ziehen – dafür ist der Majdanek-Prozeß in Düsseldorf ein trauriges Beispiel.

DIE KONZENTRATIONSLAGER DES REICHSSICHERHEITSHAUPTAMTES

1. DIE VERNICHTUNGSLAGER DER »AKTION REINHARD«: BELZEC, SOBIBOR, TREBLINKA

Für die geplante »Endlösung der Judenfrage« hatten sich die von den Einsatzgruppen durchgeführten Massenliquidierungen in den Augen der Schreibtischmörder als nicht geeignet erwiesen, denn sie ließen sich trotz aller Bemühungen nicht geheim halten. Die neue Mordmechanik sollte in festen Lagern, unter Ausnutzung der Arg- und Wehrlosigkeit der Opfer, heimlich und lautlos funktionieren. Als Vorbild hatte man jene Methoden gewählt, die zuvor schon bei der Euthanasie »erfolgreich« angewendet worden waren. Im Rahmen dieser Aktion, die die planmäßige Tötung von Geisteskranken – sogenannten lebensunwerten Lebens – bedeutete, waren die Opfer in dafür speziell eingerichteten Heilanstalten vergast worden. Außer der Methode übernahm man auch das in dieser Art des Mordens erfahrene Personal.
Mit der Durchführung der »Aktion Reinhard« wurde SS-Gruppenführer Odilo Globocnik beauftragt. Warum er die-

sen Tarnnamen wählte, ist unklar, aber möglicherweise wollte Globocnik Heydrich, der bald nach Beginn der Aktion durch ein Attentat ums Leben kam, eine Art Denkmal setzen und seine maßgebende Rolle bei der »Endlösung« herausheben.

Die Plätze für die neu zu errichtenden Lager wurden sorgfältig, dem Zweck entsprechend, ausgewählt. Sie mußten an entlegenen Orten, nicht in der Nähe größerer Siedlungen, aber möglichst an Bahnlinien liegen, damit die Deportationszüge bis in den Lagerbereich rollen konnten.
Das erste Lager entstand Anfang 1942 in der Nähe der Ortschaft Belzec, wo sich bereits ein dem SS- und Polizeiführer von Lublin unterstelltes Arbeitslager befand. Schon im März 1942 wurden die ersten Massenvergasungen durchgeführt. Das gesamte Lager war – meist durch innere Umzäunungen – in drei Bereiche unterteilt: Unterkunfts- und Wohnbezirk für das Lagerpersonal, ein Platz für die Sortierung der abgenommenen Habseligkeiten und ein besonders abgeschlossener Bezirk für die Vernichtungsaktionen selbst mit den Gaskammern in der Mitte. Im Osten, besonders im Generalgouvernement, hielt sich hartnäckig das Gerücht, daß aus dem Leichenfett der ermordeten Juden Seife hergestellt würde. Genährt wurde es dadurch, daß die allgemein produzierte Kriegsseife das Zeichen »RIF« trug – angeblich die Anfangsbuchstaben für »Rein jüdisches Fett«.
Dr. Rosenkranz, Historiker bei Yad Washem in Jerusalem, schrieb dazu am 30. Oktober 1968 in der Monatsschrift *Die Gemeinde* (Wien):

»In Wirklichkeit handelt es sich um einen schrecklichen Irrtum. Die Buchstaben RIF wurden als ›Rein jüdisches Fett‹ gedeutet, da auf den Unterschied zwischen I und J weder von den Mördern noch von den Opfern geachtet wurde. Die richtige Lesung der Abkürzung war ›Reichsstelle für industrielle Fettversorgung‹, schon im September 1939 mit der Rationierung nach dem Sieg über Polen durch das sich auf einen langen Krieg vorbereitende Deutschland eingeführt. Seit damals kamen diese Seifenstückchen zur Verteilung schon 1940 in polnischen Gettos, in die zwei Sorten geliefert wurden, von denen die schlechtere überhaupt kein Fett enthielt. Die Seriennummern, die auf der Verpackung aufschienen und für solche von Todestransporten gehalten wurden, waren nichts als die Reihennummern der Produktion, die von der Fabrik monopolisiert waren.«

Man kann also mit Sicherheit davon ausgehen, daß diese Seifenherstellung aus Menschenfett das einzige NS-Verbrechen sein dürfte, das es nicht gegeben hat.

In gleicher Weise wie in Belzec wurden kurz darauf die Vernichtungslager Sobibor an der östlichen Grenze des Distrikts Lublin und Treblinka im nordöstlichen Teil des Distrikts Warschau angelegt, zu denen ebenfalls Bahnverbindungen bestanden.
Der Ablauf der Vernichtungsaktionen war in allen drei Lagern der gleiche: Den Juden, die schon in ihren Herkunftsländern in Ghettos oder Lagern konzentriert worden waren, wurde vorgetäuscht, sie sollten, zum Arbeitseinsatz, »umgesiedelt« oder »ausgesiedelt« werden. Zumeist in Güter- oder Viehwagen wurden sie in die Lager gebracht, wo man ihnen vorspiegelte, sie müßten aus hygienischen Gründen ein Duschbad nehmen. Sie mußten sich entkleiden und wurden dann schubweise nackt in die als Duschräume getarnten Gaskammern getrieben. Nach Verriegelung der Türen strömten aus den »Brausedüsen« Abgase eines außerhalb befindlichen Benzinmotors in die Kammern. Bis zu dreißig Minuten hatten einige der Opfer zu leiden, dann war auch bei ihnen der Tod eingetreten. Jüdische Arbeitskommandos mußten die Leichen aus den Kammern herausziehen, die Körperöffnungen auf versteckte Wertsachen durchsuchen und Goldzähne herausbrechen. Anfangs wurden die Leichen in großen Massengräbern vergraben, später auf eisernen Rosten verbrannt.
Aus der Vernichtung der Juden machte das Dritte Reich für sich ein einträgliches Geschäft, indem es sämtliche Wertgegenstände beschlagnahmte. Einen erschütternden Ein-

blick in diese Praktiken vermitteln die Richtlinien des stellvertretenden Chefs des Wirtschaftsverwaltungshauptamtes, festgelegt in einem Schreiben vom 29. September 1942 an die Verwaltungsstellen in Lublin und Auschwitz, nach denen auch bei der »Aktion Reinhard« verfahren wurde:

Unbeschadet der im Laufe des Monats Oktober zu erwartenden Gesamtanordnung hinsichtlich der Verwertung des beweglichen und unbeweglichen Besitzes der umgesiedelten Juden wird hinsichtlich des eingebrachten Gutes, das künftig in allen Anordnungen als Diebes-, Hehler- und Hamstergut zu bezeichnen ist, schon jetzt folgendes bestimmt:

I. a alle Barbeträge in Deutschen Reichsbanknoten sind auf das Konto W.-V-Hauptamt 158/1488 bei der Reichsbank Berlin-Schöneberg einzuzahlen.

b Devisen (gemünzt oder ungemünzt), Edelmetalle, Schmuckstücke, Ganz- oder Halbedelsteine, Perlen, Zahngold und Bruchgold sind an das SS-Wirtschaftsverwaltungshauptamt abzuliefern. Dieses ist für die sofortige Weiterleitung an die Deutsche Reichsbank verantwortlich.

c Uhren jeder Art, Wecker, Füllfederhalter, Drehbleistifte, Rasierapparate für Hand- und elektr. Betrieb, Taschenmesser, Scheren, Taschenlampen, Brieftaschen und Geldbörsen werden durch das SS-W.-V.-Hauptamt in Spezialwerkstätten instand gesetzt, gereinigt und geschätzt, um dann raschestens der Fronttruppe zugeführt zu werden. Die Abgabe an die Truppe erfolgt gegen die Bezahlung durch die Marketendereien. Es sind 3 – 4 Preisklassen festzulegen und sicherzustellen, daß jeder Führer oder Mann höchstens *eine* Uhr kaufen kann. Ausgenommen vom Verkauf bleiben die goldenen Uhren, deren Verwertung ich mir vorbehalte; die Gesamterlöse werden dem Reich zugeführt.

d Männerwäsche, Männerkleidung, einschl. Schuhzeug, ist zu sortieren und abzuschätzen. Nach Deckung des eigenen Bedarfs für Kl-Insassen und ausnahmsweise für die Truppe ist die Abgabe an die Volksdeutsche Mittelstelle vorzunehmen. In jedem Falle ist der Erlös dem Reich zuzuführen.

e Frauenkleidung, Frauenwäsche, einschließlich Fußbekleidung, Kinderkleidung und Kinderwäsche, einschl. Schuhzeug ist an die Volksdeutsche Mittelstelle gegen Bezahlung abzugeben. Reinseidene Wäschestücke sind nach Anordnung des SS-W-V-Hauptamtes an das Reichswirtschaftsministerium abzugeben. Das gleiche gilt auch für die Wäsche zu d.

f Federbetten, Steppdecken, Wolldecken, Anzugstoffe, Schals, Schirme, Stöcke, Thermosflaschen, Ohrenschützer, Kinderwagen, Kämme, Handtaschen, Ledergürtel, Einkaufstaschen, Tabakpfeifen, Sonnenbrillen, Spiegel, Bestecke, Rucksäcke, Koffer aus Leder und Kunststoffen sind an die Volksdeutsche Mittelstelle abzugeben. Die Frage der Entschädigung wird noch geregelt. Eigenbedarf an Steppdecken, Wolldecken, Thermosflaschen, Ohrenschützern, Kämmen, Bestecken und Rucksäcken kann von Lublin und Auschwitz gegen Vergütung aus Haushaltsmitteln entnommen werden.

g Wäsche wie Bettlaken, Bettbezüge, Kopfkissen, Handtücher, Wischtücher, Tischdecken, sind an die Volksdeutsche Mittelstelle gegen Bezahlung abzugeben. Bettlaken, Bettbezüge, Handtücher, Wischtücher und Tischdecken können für den Bedarf der Truppe – gegen Vergütung aus Haushaltsmitteln – herausgezogen werden.

h Brillen und Augengläser in jeder Form sind an das Sanitätsamt zur Verwertung abzugeben (Brillen mit Goldgestellen müssen ohne Gläser mit den Edelmetallen abgeliefert werden). Eine Abrechnung über die Brillen und Augengläser kann des geringen Wertes und der beschränkten Verwendungsfähigkeit wegen unterbleiben.

i Edelpelze aller Art, verarbeitet und unverarbeitet, sind an das SS-W.-V-Hauptamt abzuliefern. Pelzwaren unedler Art (Schafpelze, Hasen- und Kaninchenpelze usw.) sind unter Benachrichtigung des SS-W.-V.-Hauptamtes, Amt B II, an das Bekleidungswerk der Waffen-SS, Ravensbrück bei Fürstenberg (Mecklenburg) abzuliefern.

k Alle unter Buchstabe d, e, f aufgeführten Gegenstände, welche nur $^1/_3$ oder $^2/_3$ Tragewert besitzen oder überhaupt unbrauchbar sind, werden durch das SS-W.-V.-Hauptamt dem Reichswirtschaftsministerium zur Verwertung zugeführt. Soweit Artikel anfallen, die unter b – i nicht enthalten sind, ist über deren Verwertung die Entscheidung des Chefs des SS-W.-V.-Hauptamtes einzuholen.

II. Alle Preise setzte das SS-W.-V.-Hauptamt fest, unter Beachtung gesetzlicher Richtpreise. Diese Festsetzung kann auch nachträglich stattfinden, zeit- und personalraubende, kleinliche

Wertfeststellungen können hierbei unterbleiben. Im allgemeinen sind Durchschnittspreise festzusetzen, z.B. für eine gebrauchte Männerhose 3 Mark, für eine Wolldecke 6 Mark usw. Für die Ablieferung der unbrauchbaren Gegenstände an das Reichswirtschaftsministerium sind im allgemeinen Kilopreise zugrundezulegen. Es ist streng darauf zu achten, daß bei allen zur Abgabe kommenden Kleidern und Überkleidern der Judenstern entfernt wird. Es sind ferner mit größtmöglicher Sorgfalt alle zur Abgabe kommenden Gegenstände auf versteckte und eingenähte Werte zu untersuchen.

I.V.
Frank
SS-Brigadeführer und
Generalmajor der SS

In dem Bericht des Inspekteurs für Statistik beim Reichsführer SS über die »Endlösung der europäischen Judenfrage« vom 28. April 1943 wird auf Seite 9, Punkt 4, bezogen auf den 31. Dezember 1942, festgestellt: »Es wurden durchgeschleust durch die Lager im Generalgouvernement... 1 274 166 Juden.« (Der Begriff »durchgeschleust« wurde auf persönlichen Wunsch Himmlers an Stelle des ursprünglich gebräuchlichen »sonderbehandelt« verwendet.) Rechnet man die nach diesem Datum in Treblinka und Sobibor durchgeführten Massentötungen größten Stils hinzu, so dürfte sich die Gesamtzahl aller in den drei Lagern Ermordeten auf ca. 1,5 Millionen belaufen. Das Gesamtergebnis der wirtschaftlichen Ausbeutung dieser Opfer ist aus einem Bericht Globocniks an Himmler 5. Januar 1944 über die wirtschaftlichen Ergebnisse der »Aktion Reinhard« zu ersehen, in dem er die Ausgaben für die Vernichtung von ca. 1,5 Millionen »Ungeziefer« mit 11 889 822,54 RM angibt. Rechnet man diesen Betrag ab, so bleiben als »Reinerlös« 178 745 960,59 RM aus der wie oben wiedergegebenen wirtschaftlichen Ausbeutung. Die verwerteten Textilien füllten 1900 Güterwagen, etwa 47 Güterzüge mit je 40 Waggons.
Über die Zusammensetzung der Einheiten, die die »Aktion Reinhard« durchführten, liegen genaue Angaben vor. Sie

entstammen einem Bericht ihres Leiters Odilo Globocnik vom 27. Oktober 1943 an das SS-Personalhauptamt:

Arbeitsstab SS und Polizeiführer (Führer, Unterführer, Männer, Polizeiwachtmeister, z.B. Zivilangestellte)	49
Reichskommissar f.d. Festigung deutschen Volkstums	16
SS-Mannschaftshaus	42
Deutsche Ausrüstungswerke (DAW)	10
an Kommandeur d. Sipo abgeordnete Kräfte (Dolmetscher)	7
Arbeitslager Trawniki	3
Ausbildungslager Trawniki	26
	153
Diese Angehörigen gehörten ausschließlich der Dienststelle SS- und Polizeiführer an und wurden auf die verschiedenen Arbeitsgebiete verteilt. Hierzu kommen noch die von der Volksdeutschen Mittelstelle, Reichskommissar f.d.F.d.V. Rasse- und Siedlungshauptamt, SS- und Polizeistützpunkte abgestellten Kräfte für die Umsiedlung, zusammen	186
von SS-Wirtschaft- und Verwaltungshauptamt abgestellt für DAW	19
von der Kanzlei des Führers zur Durchführung der »Aktion Reinhard«	92
Mithin zählte bis zu meinem Abgang von Lublin der gesamte Mitarbeiterkreis	450 Mann

Die in dieser Aufstellung genannten, von der Kanzlei des Führers abgestellten Kräfte sind identisch mit dem aus der Euthanasie-Aktion T 4 übernommenen Personal. Es handelte sich um dienstverpflichtete Zivilisten oder um abkommandierte Angehörige von SS-Verbänden, wie beispielsweise den Totenkopfverbänden. Auch wenn sie nicht der SS angehörten, wurden die Mitglieder der »Aktion Reinhard« uniformiert, denn eine allgemeine Bestimmung besagte, daß alle in den besetzten Gebieten eingesetzten Personen irgendeine Uniform zu tragen hatten. Sie wurden in eine graue SS-Uniform gekleidet und erhielten SS-

Dienstgrade, die unter Umständen den in anderen Parteiformationen erworbenen entsprachen. Gehörten sie nicht zur SS, fehlten auf den Kragenspiegeln die SS-Runen.
Bei dem aus dem Arbeits- oder Ausbildungslager Trawniki abkommandierten Personal handelte es sich um ukrainische (volksdeutsche) Hilfskräfte, die in diesen dem Polizeibereich zugehörigen Lagern ausgebildet worden waren. Die Oberaufsicht über die ukrainischen Wachmannschaften führten deutsche Aufseher.
Bei den vom DAW abgeordneten Personen handelte es sich um Angehörige der Deutschen Ausrüstungswerke.
Aus den Reihen der jüdischen Häftlinge wurden die Arbeitskommandos gebildet, denen ein Kapo als Antreiber vorstand, der sich durch besondere Kleidung mit Armbinde oder Mütze hervorhob und eine Lederpeitsche erhielt, von der er brutal Gebrauch zu machen hatte.
Die Angst, daß bei Beendigung der Aktion auch die jüdischen Arbeiter getötet werden würden, führte im Lager Sobibor im Oktober 1943 zu einem Aufstand der Häftlinge, bei dem zwar Angehörige der deutschen und ukrainischen Wachmannschaften erschlagen und entwaffnet werden konnten, der aber schließlich doch niedergeschlagen wurde. Trotzdem gelang einigen Häftlingen die Flucht aus dem Lager.

2. DAS VERNICHTUNGSLAGER KULMHOF (CHELMNO)

Ende des Jahres 1939, nach der Besetzung Polens, wurde das Wartheland als Gau dem Reich eingegliedert. Es bestand aus den 1918 an Polen abgetretenen Gebieten um Posen und Hohensalza und aus dem Bezirk Lodz. Allein in Lodz waren unter den 700 000 Einwohnern etwa 230 000 Juden, im gesamten Gebiet des neuen Reichsgaues lebten ungefähr 650 000 Juden.
Himmlers Ziel war es, das Wartheland so schnell wie möglich »judenfrei« zu machen. Dies in die Praxis umzusetzen,

wurde in erster Linie Aufgabe des Reichsstatthalters und Gauleiters Greiser sowie des Höheren SS- und Polizeiführers Koppe, die beide in Posen amtierten. Ihr Versuch, die Juden einfach in das Generalgouvernement auszusiedeln, schlug letzten Endes fehl, weil sich der um die wirtschaftliche Stabilität seines Landes besorgte Generalgouverneur Frank dem Menschenzustrom widersetzte.

Nunmehr begannen Greiser und Koppe, die Juden des Warthelandes in größeren Städten zu konzentrieren: Im April 1940 errichteten sie das Ghetto Lodz, in dem bis zum November 160 000 Juden zusammengetrieben wurden. Es folgten weitere zwanzig Transporte mit 19 837 Juden aus Berlin, Düsseldorf, Frankfurt, Hamburg, Köln, Wien, Prag und Luxemburg sowie ca. 5000 Zigeuner, wie fernschriftlichen Berichten der Staatspolizeistelle Lodz zu entnehmen ist. Aber das Ghetto war nur die Durchgangsstelle für die Deportierten, denn alle nicht arbeitsfähigen Juden sollten nach Rücksprache mit Hitler und Himmler »evakuiert« werden, was ein verschlüsseltes Todesurteil bedeutete. Mit dieser Aufgabe wurde das Sonderkommando Lange beauftragt. Die personellen und wirtschaftlichen Belange waren Angelegenheit des Höheren SS- und Polizeiführers, die »Fachaufsicht« oblag dem Reichsstatthalter und Gauleiter Greiser in Absprache mit Himmler und dem Reichssicherheitshauptamt.

Die erste Maßnahme bestand in der Errichtung eines Vernichtungslagers in der Nähe des Ortes Chelmno, etwa 55 Kilometer von Lodz und 150 Kilometer von Posen entfernt. Im Oktober 1941 nahm das Sonderkommando Lange, unterstützt von einem etwa achzig Mann starken Kommando der Schutzpolizei, die Arbeit auf: Das unbewohnte Schloß wurde instandgesetzt, der Schloßbezirk eingezäunt. Außerdem wurden die Kirche, das Pfarrhaus, das Gemeindehaus und einige von Polen bewohnte Häuser beschlagnahmt und für die Lagerzwecke in Anspruch genommen. Anschließend ließ Lange in einem etwa vier Kilometer entfernten Waldge-

lände das sogenannte Waldlager errichten, wo große Gruben ausgehoben wurden. Dem Sonderkommando standen drei Gaswagen zur Verfügung.
Anfang Dezember 1941 trafen die ersten Transporte mit jüdischen Männern, Frauen und Kindern aus der näheren Umgebung ein. Die Methode war die gleiche wie in den anderen Vernichtungslagern: Vortäuschung eines bevorstehenden Arbeitseinsatzes und Ansprachen beim Eintreffen, weshalb »Baden« und »Desinfektion« notwendig seien. In Kulmhof täuschten einzelne Kommandoangehörige sogar durch weiße Kittel und Hörrohr »Ärzte« vor. Nach Abgabe ihres letzten Hab und Gutes wurden die Opfer über eine Rampe in die Gaswagen getrieben.
Am 16. Januar 1942 trafen die ersten Transporte aus dem Ghetto Lodz ein, und bis Ende Mai 1942 belief sich die Zahl der Opfer auf mindestens 55 000 Menschen. Ende August 1942 ordnete das Reichssicherheitshauptamt an, 20 000 Ghettobewohner, vor allem Kranke, Alte und Arbeitsunfähige sowie alle Kinder im Alter bis zu vierzehn Jahren, nach Kulmhof zu bringen. Bis zum Frühjahr 1943 hatte das Lager seinen grausigen Zweck, die Juden im Warthegau zu vernichten, weitgehend erfüllt – es wurde aufgelöst, das Schloß gesprengt. Bevor man die Vernichtungsanlagen beseitigte, wurden auch die letzten jüdischen Arbeiter, Zeugen des blutigen Handwerks, erschossen. Anfang April 1943 verließ das Sonderkommando Lange Chelmno und wurde als Feldgendarmerie bei der SS-Freiwilligen-Division »Prinz Eugen« in Jugoslawien eingesetzt. Sämtliche Angehörigen des Kommandos erhielten das Kriegsverdienstkreuz.
Damit hatten jedoch die Tötungen in Kulmhof noch nicht ihr Ende erreicht, denn es folgte eine zweite Vernichtungsperiode.
Im Februar 1944 fand eine Besprechung zwischen Himmler und Greiser statt, wie das Ghetto Lodz verkleinert und anschließend aufgelöst werden könnte. Es wurde vereinbart, das Sonderkommando von seinem Einsatz in Kroatien zu-

rückzubeordern. Im April 1944 begann Lange mit seinen Leuten, Schloß und Waldlager wiederherzustellen. Am 23. Juni 1944 traf der erste Transport aus dem Ghetto ein, dem bis Mitte Juli neun weitere folgten. Die Tötungsmethode war die gleiche geblieben.

Angesichts der unaufhaltsam vorrückenden Roten Armee erging Anfang 1945 der Befehl, das Lager aufzulösen. In der Nacht vom 17. zum 18. Januar wurden die noch lebenden jüdischen Arbeiter erschossen. Nachdem zuvor schon einige Häftlinge auf diese Weise getötet worden waren, setzten sich die übrigen zur Wehr. Mit einer einem Polizeimeister abgenommenen Pistole eröffneten sie aus ihrer Unterkunft das Feuer auf ihre Mörder. Aber nur zwei Häftlingen gelang in dem allgemeinen Durcheinander die Flucht. Die anderen kamen in einen Kornspeicher, der umstellt und in Brand gesteckt wurde, ums Leben.

Über die Anzahl der Opfer in Kulmhof gibt ein Bericht des Inspekteurs für Statistik beim Reichsführer SS, Dr. Korherr, Auskunft, demzufolge bis zum 1. Januar 1943 insgesamt 145 301 Juden »durch die Lager im Warthegau durchgeschleust« worden sind.

Diese Zahl, die Korherr – wie alle anderen Zahlen – vom RSHA mitgeteilt wurde, entspricht einer anderen Angabe, die sich in einem Schreiben Greisers vom 1. Mai 1942 an Himmler findet:

»Reichsführer! Die von Ihnen im Einvernehmen mit dem Chef des RSHA SS-Obergruppenführer Heydrich genehmigte Aktion der Sonderbehandlung von rund 100 000 Juden in meinem Gaugebiet wird in den nächsten 2 – 3 Monaten abgeschlossen werden können.«

In dieser zweiten Lagerperiode gingen zehn Transporte mit insgesamt 7176 Juden aus dem Ghetto Lodz nach Kulmhof. Während der Zeit, als das Lager nicht bestand, waren die Bewohner des Ghettos nach Auschwitz deportiert worden.

Hitler äußerte einmal in seinen Gesprächen mit dem Danziger Senatspräsidenten Rauschning über den Zweck der Konzentrationslager:

»Aber ich will nicht, daß man aus den Konzentrationslagern Pensionsanstalten macht. Der Terror ist das wirksamste politische Mittel.«

An Terror und Tod hat es in den Konzentrationslagern nicht gefehlt. Ein Lager aber nahm offiziell eine Sonderstellung ein: Es war weder ein Vernichtungslager noch ein Konzentrationslager, das dem Wirtschaftsverwaltungshauptamt der SS unterstellt war.
In der böhmischen Stadt Theresienstadt wurde ein sogenanntes Ghetto für »alte und bevorzugte« Juden geschaffen. Es war das Aushängeschild, das den Inspektionen des Roten Kreuzes oder ausländischen Besuchern vorgezeigt wurde, der vorgebliche Beweis, daß die Ermordung der Juden nur von einer niederträchtigen Feindpropaganda erfunden sei.
In Wirklichkeit waren die Menschen auch in diesem Lager der Vernichtung preisgegeben. Von den insgesamt 150 000 Juden, die nach Theresienstadt aus der Tschechoslowakei, Deutschland, Österreich, Holland, Ungarn, Dänemark, Luxemburg und Polen deportiert wurden, starben 35 000 innerhalb von vier Jahren in Theresienstadt selbst. Etwa 80 000 wurden in die Vernichtungslager im Osten, vor allem nach Auschwitz, gebracht. Nur etwa 35 000 Insassen überlebten und wurden im Mai 1945 befreit.

DIE WAFFEN-SS

An dem Überfall auf Polen im September 1939 hatten bereits SS-Verfügungstruppen, die in Kampfgruppen von Regimentsstärke größeren Heeresverbänden angeschlossen waren, teilgenommen. Am 17. August 1938 war deren rechtliche Stellung von Hitler dahingehend definiert worden, daß die Verfügungstruppe eine stehende, bewaffnete Formation sei, die im Kriegsfall entweder an der Front im Rahmen des Heeres oder im Bedarfsfall im Innern einzusetzen sei. Vom Oberkommando des Heeres wurden die Verfügungstruppen und ihr Kriegseinsatz nur widerwillig geduldet: Man wollte keine eigene SS-Armee. Himmler dagegen strebte die Aufstellung von SS-Divisionen unter der Führung von SS-Führern an und setzte sich nach monatelangen Verhandlungen schließlich mit Unterstützung Hitlers gegen das Oberkommando der Wehrmacht durch. Ende November 1939 bestanden drei aktive SS-Divisionen, die fortan als Waffen-SS bezeichnet wurden.

Erstmals offiziell erwähnt wird dieser Name in einer Anordnung des Stellvertreters des Führers vom 19. Januar 1940 über »Die Ergänzung der Waffen-SS«. Allgemein üblich wurde er nach dem Westfeldzug und Hitlers Reichstagsrede vom 19. Juli 1940.

Der Ausbau der Waffen-SS nach Beginn des Zweiten Weltkrieges vollzog sich »mit einem ganz ungeheuren Tempo«, wie Himmler bei einer Gruppenführertagung in Posen am 4. Oktober 1943 berichtete. Nach seiner Darstellung bestand die Waffen-SS 1939 nur aus »ein paar Regimentern, Gardeeinheiten, 8000 bis 9000 Mann stark«, also »nicht einmal eine Division, alles in allem 25 000 – 28 000 Mann höchstens«. Nach einem Jahr Kriegsdauer war sie auf etwa 150 000 Mann angewachsen. Diese Versechsfachung ihres ursprünglichen Bestandes war jedoch erst der Anfang eines Ausbaus, der einen solchen Umfang annahm, daß man die Waffen-SS als einen »vierten Wehrmachtsteil« bezeichnete – am Ende erreichte die Waffen-SS immerhin eine Stärke von 38 Divisionen mit rund 600 000 Mann. Diese Zuordnung zur Wehrmacht ist jedoch falsch, denn obwohl die Waffen-SS sich in der Praxis oft von der ihr zugedachten Rolle entfernte, so zeigt ihre Entstehung doch deutlich, daß sie im Gegensatz zur Wehrmacht und gegen deren Willen

aufgebaut wurde. Sie hatte eine eigene Gerichtsbarkeit und behielt auch stets den Charakter einer Hitler verpflichteten Truppe. Ihre Führer waren keine Offiziere im Sinne der Wehrmacht, sondern wurden mit ranggleichen SS-Dienstgraden bezeichnet, auch wenn sich diese Unterscheidungen im allgemeinen Sprachgebrauch verwischten.
1944 war der Einfluß der Waffen-SS so stark geworden, daß erhebliche Zuständigkeiten von der Wehrmacht an den Reichsführer SS abgegeben werden mußten, so die Abwehr, der Befehl über das Ersatzheer und das Kriegsgefangenenwesen.
Die Waffen-SS galt als ebenso tapfere wie rücksichtslos kämpfende Truppe, deren Verluste teilweise deutlich höher waren als die des Heeres. Ihre Taten wurden nach dem Krieg in der Memoirenliteratur ihrer Führer, so von Paul Hausser und Kurt Meyer (»Panzer-Meyer«), geschildert und verherrlicht.
Die Grundtendenz solcher Darstellungen geht dahin, die Waffen-SS als eine rein militärische Organisation zu bezeichnen, die mit den von anderen Gliederungen der SS begangenen Verbrechen nichts zu tun gehabt habe. Damit wehrte sich man gegen den Spruch des Internationalen Militärgerichtshofes in Nürnberg, der die SS als verbrecherische Organisation verurteilt und die Waffen-SS in das Urteil einbezogen hatte. Seine Begründung lautete, die SS sei »für Zwecke eingesetzt worden, welche gemäß der Satzung des Gerichtshofes verbrecherisch waren, nämlich für die Verfolgung und Ausrottung der Juden, Grausamkeiten und Tötungen in Konzentrationslagern, Übergriffe in der Verwaltung besetzter Gebiete, Durchführung des Zwangsarbeiterprogramms sowie Mißhandlung und Ermordung von Kriegsgefangenen«.
Mit diesem Urteilsspruch ist auch die Frage nach der Kriminalität der Waffen-SS gestellt, und zwar nicht auf der Ebene der Kriegsverbrechen, die in jedem Krieg von allen kriegführenden Parteien begangen werden. Hier steht viel-

mehr ihre Teilnahme als Organisation am NS-Vernichtungsprogramm zur Diskussion.
Es sind in der Hauptsache zwei Beschuldigungen, die gegen die Waffen-SS erhoben werden müssen, nämlich

1. ihre Beteiligung an den Unternehmen der Einsatzgruppen und Sonderkommandos,
2. ihre Verbindung zu den Totenkopfverbänden und den Konzentrationslagern.

Die als Beispiel genannte Zusammensetzung der Einsatzgruppe A, die im Herbst 1941 im Nordabschnitt der Ostfront zur Ermordung der Juden eingesetzt war, zeigt, daß der 990 Mann starken Gruppe 340 Angehörige der Waffen-SS zugeteilt waren. Wenn auch die Führer dieser Vernichtungseinheiten größtenteils vom SD, der Gestapo oder Kripo gestellt wurden, kamen die Mannschaften aus den Reihen der Waffen-SS und der Ordnungspolizei. So nennt die Ereignismeldung UdSSR Nr. 92 vom 23. September 1941 ausdrücklich die aktive Teilnahme von Angehörigen der Waffen-SS:

»Eine größere Aktion gegen Juden kam in der Ortschaft Lachoisk zur Durchführung. Im Zuge dieser Aktion wurden mit Unterstützung eines Kommandos der SS-Division »Reich« 920 Juden exekutiert. Der Ort kann nunmehr als judenfrei bezeichnet werden.«

Welche Motive teilweise bei der Versetzung von Angehörigen von SS-Fronttruppen zu den Einsatzgruppen mitspielten, versuchte der Kommandeur der 2. SS-Panzerdivision »Das Reich«, Georg Keppler, folgendermaßen zu erklären:

»Sie sind zu spät zum Dienst gekommen oder im Dienst eingeschlafen. Sie werden vor ein Kriegsgericht gestellt, aber man sagt ihnen, sie könnten um eine Bestrafung herumkommen, wenn sie sich freiwillig für ein Sonderkommando melden. Aus Angst vor Strafe und weil sie glaubten, ihre Laufbahn sei so und so ruiniert, beantragten diese jungen Männer die Versetzung zu den Sonderkommandos. Nun, diese Kommandos, bei denen sie zuerst einmal eine Sonderausbildung erhalten, sind Mordkommandos... Durch solche Methoden werden oft anständige junge Männer zu Verbrechern gemacht.«

Es mag dahingestellt bleiben, ob diese Begründung ausreicht – auf jeden Fall aber waren sich auch höhere SS-Führer an der Front über die Art der Verwendung ihrer Leute bei den Sonderkommandos im klaren, so daß sich die Mitverantwortung der Waffen-SS an den Vernichtungsmaßnahmen der Einsatzgruppen nicht leugnen läßt.

Daß Waffen-SS-Einheiten sogar ohne Befehl, in eigener Regie Juden liquidierten, zeigt das Beispiel der SS-Leibstandarte »Adolf Hitler«, deren Angehörige, die sich auf einen Einsatz in Italien vorbereiteten, am Lago Maggiore etwa sechzig, meist italienische Juden erschossen und ihre Leichen in den See warfen. Mit der »planmäßigen» Judenvernichtung in Italien im Herbst 1943 hatten diese Morde nichts zu tun.

Der zweite Punkt, an dem die Waffen-SS vor allem mitschuldig an den NS-Verbrechen wurde, war ihre Verbindung zu den Totenkopfverbänden und den Konzentrationslagern.

Als im Oktober 1939 die SS-Totenkopf-Division aufgestellt wurde, versetzte man zu ihr aus allen Teilen des Reichs Angehörige der SS-Totenkopf-Standarten. Diese aus SS-Sondersturmbannen hervorgegangenen Verbände, die die Bewachungsmannschaften in den Konzentrationslagern stellten, bildeten den Stamm einer Elite-Einheit der Waffen-SS, von der der Feldmarschall Erich von Manstein später sagte, daß sie »wahrscheinlich die beste Waffen-SS-Division« sei, der er je begegnete.

Zwar waren die Konzentrationslager der Vorkriegszeit noch nicht die Vernichtungslager der späteren Kriegsjahre, aber diese ehemaligen Bewacher der Konzentrationslager waren sicherlich nicht jene »anständigen, jungen Soldaten«, die von diesen Vorgängen »nicht mehr und nicht weniger Kenntnis als die Masse des deutschen

Volkes... gehabt hatten«, als die sie »Panzer-Meyer« in seinem Buch gerne hingestellt haben möchte.
Aber auch darüberhinaus blieb die Verbindung zwischen Waffen-SS und KZ-Wachmannschaften eng. Als Himmler im April 1941 in einer Anweisung alle SS-Organisationen nannte, die künftig als Teile der Waffen-SS gelten sollten, standen sämtliche, damals vorhandenen Konzentrationslager auf dieser Liste.
So trugen die Wachmannschaften Uniformen der Waffen-SS und besaßen Soldbücher der Waffen-SS. Außerdem fand, was weitaus bedeutsamer ist, während des Krieges laufend ein Personalaustausch zwischen den Feldeinheiten der Waffen-SS und den Kommandos der Konzentrationslager statt. Höß gab an, daß während seiner Zeit als Kommandant von Auschwitz etwa 2500 Angehörige seines Stabes zu Feldeinheiten der Waffen-SS versetzt und durch andere ersetzt wurden.
Auch wenn die Fronteinheiten der Waffen-SS Funktionen ausübten, die mit dem KZ-System wenig gemeinsam hatten, so waren die Beziehungen zwischen beiden Organisationen doch intensiv genug, um die Behauptungen, daß die Kampftruppen der Waffen-SS überhaupt keine Verbindung zu den Konzentrationslagern gehabt und nicht gewußt hätten, was dort geschah, widerlegen zu können.
Ein Sonderkommando besonderer Art, dessen Verbrechen und Greueltaten in Nürnberg auf das Schuldkonto der Waffen-SS gesetzt wurden, war das SS-Sonderkommando Dirlewanger. Die Einheit, die zunächst die Bezeichnung »Wilddieb-Kommando-Oranienburg« trug, verfügte über Bataillonsstärke und bestand in ihrem Kern zunächst aus verurteilten Wilderern, die in Gefängnissen oder Konzentrationslagern einsaßen. Als Anfang 1942 das Reservoir an verurteilten Wilddieben erschöpft war, wurden auch Berufsverbrecher, Häftlinge aus Konzentrationslagern und schließlich kriegsgerichtlich verurteilte Angehörige der Waffen-SS und des SD, aber auch der Wehrmacht zur Be-

währung in diese Einheit gepreßt. Etwa zehn bis fünfzehn Prozent des Dirlewanger-Kommandos waren Angehörige der Waffen-SS auf Bewährung. Am 29. Januar 1942 verfügte Himmler, daß das Sonderkommando Dirlewanger als Freiwilligenabteilung der Waffen-SS anzusehen sei und dem SS-Führungshauptamt unterstehe, im Februar 1943 erhielt diese Einheit als äußeres Kennzeichen besondere Kragenspiegel, die zwei gekreuzte Karabiner mit einer Handgranate darunter zeigten. 1944 wurde sie in 36. Waffengrenadierdivision der SS umbenannt. Die Einheit Dirlewanger war berüchtigt wegen ihres brutalen Vorgehens. Sie brachte die Zivilbevölkerung auf die grausamste Weise um: Zivilisten, darunter Frauen und Kinder, wurden in Scheunen eingeschlossen, die man in Brand setzte und in die blindlings hineingeschossen wurde. Ihre »Kampfmethoden« gaben der Brutalität der Einsatzgruppen nichts nach. Selbst höhere SS-Führer und von der Wehrmacht Generaloberst Guderian führten darüber bei Hitler Beschwerde und verlangten die Entfernung dieser Einheit von der Ostfront. Aber ihr Führer, Dr. Oskar Dirlewanger, hatte einen einflußreichen Fürsprecher, nämlich den Chef des SS-Hauptamtes Gottlob Berger, einen alten Kriegskameraden, auf dessen Vorschlag die Bildung dieser Einheit zurückging. Persönlichkeit und Lebenslauf Dirlewangers weisen ihn als einen wilden Antisemiten und außergewöhnlich brutalen Charakter aus, der auch gegenüber seinen eigenen Leuten nicht vor einem Mord zurückschreckte. Zumindest von seiten jenes Teils der Waffen-SS, der eine Angleichung an die Wehrmacht anstrebte, wurde die Einheit Dirlewanger nie als vollgültige Formation der Waffen-SS betrachtet.

Wenn bisher von der Beteiligung der Waffen-SS an dem nationalsozialistischen Ausrottungsfeldzug die Rede war, so muß gerechterweise erwähnt werden, daß es auch in ihren Reihen, ebenso wie bei den Polizeitruppen, Männer gab, die sich weigerten, ihre Einheiten für die Massenmorde zur Verfügung zu stellen. Dafür zwei Beispiele:

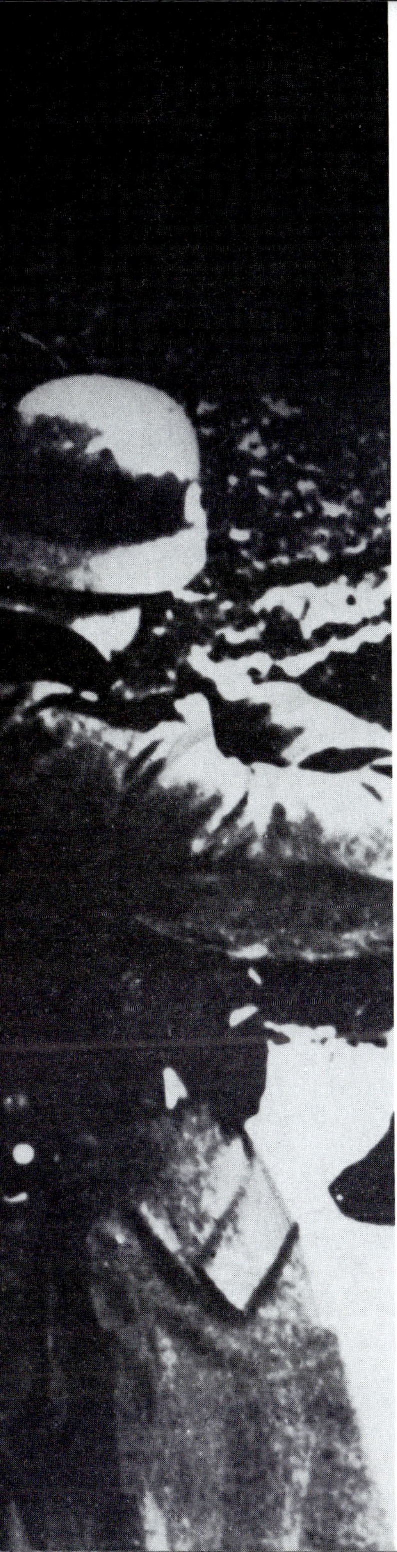

Waffen-SS

SS-Scharführer im feldgrauen Dienstanzug

Die seit Kriegsbeginn im Rahmen des Heeres eingesetzten militärischen Verbände der SS trugen wie die Wehrmacht eine feldgraue Uniform. Anders als bei dieser befand sich das Hoheitszeichen jedoch auf dem linken Ärmel. Die Kragenspiegel der Waffen-SS zeigten im Unterschied zu den Uniformen der Allgemeinen SS auf der rechten Seite die SS-Runen. Auf den Ärmelstreifen standen die Namen der Divisionen.

◀ Exekutionen in Polen 1939. An der Liquidierung potentieller »Gegner« waren neben den Einsatzgruppen auch Wehrmacht und Waffen-SS beteiligt.

Der SS-Obersturmführer und Chef der 3. Kompanie des Bataillons der Waffen-SS zur besonderen Verfügung, Grafhorst, lehnte es ab, die Angehörigen seiner Einheit an der Erschießung der Juden in der Schlucht von Babi Yar teilnehmen zu lassen. Er wurde daraufhin mit seiner Kompanie aus dem Sonderkommando 4a herausgenommen und der SS-Division Wiking zum Fronteinsatz zugewiesen.
Der Major der Schutzpolizei Hannibal weigerte sich gegenüber dem Höheren SS- und Polizeiführer Rußland-Süd, SS-Obergruppenführer Jeckeln, sein Polizeibataillon 303 bei Erschießungen von Juden einzusetzen. Jeckeln beschimpfte ihn daraufhin als »einen schlappen Hund, der ihm nicht mehr vor die Augen kommen sollte«. Hannibal wurde mit seiner Einheit an die Front versetzt und erreichte bis zum Kriegsende trotz seiner Befehlsverweigerung den Rang eines Generalmajors der Schutzpolizei.
Diese Beispiele mögen dafür stehen, daß es inmitten dieser Mordaktionen durchaus möglich war, nicht dem Befehl, sondern dem eigenen Gewissen zu folgen. Doch auch wenn es mehrere solcher mutiger Reaktionen gab – auf die Masse der blindergebenen Befehlsempfänger gesehen, waren es nur wenige.

DIE STATIONÄREN DIENSTSTELLEN DER SS

1. DIE DEPORTIERUNG DER JUDEN AUS DEM REICH

Die Stapo(leit)stellen im Reich waren auf der unteren Ebene die »Evakuierungsdienststellen«, die die Deportation der Juden nach Weisungen des Reichssicherheitshauptamtes zu organisieren und durchzuführen hatten. Jeder Staatspolizeistelle war, ebenso wie den Leitstellen, eine Dienststelle des SD angegliedert. 1944 gab es im Deutschen Reich sechzehn Staatspolizeileitstellen. Die maßgeblichen Anordnungen

des RSHA ergingen für alle Dienststellen gleichzeitig und gleichlautend.
Die Abschiebung der Juden aus dem Reichsgebiet vollzog sich in fünf Evakuierungsschüben:

1. Die ersten Deportationen im Herbst 1941 mit den Zielen Riga, Minsk, Kowno und Lodz.
2. Deportationen im Frühjahr 1942 hauptsächlich in den Raum Lublin.
3. Ebenfalls im Sommer 1942 Deportationen in den Raum Lublin.
4. Deportationen im Sommer und Herbst 1942 in das »Altersghetto« Theresienstadt.
5. Abschiebung der restlichen Juden im Jahre 1943 teils nach Auschwitz, teils nach Theresienstadt.

Vorangegangen war im Herbst 1940 die Abschiebung von etwa 6000 Juden aus Baden und aus der Pfalz in das Gebiet des unbesetzten Frankreich. In diesem Falle handelte es sich um örtliche Maßnahmen, die noch nicht im Zusammenhang der planmäßigen »Endlösung« standen, aber diese Juden wurden zwei Jahre später in Frankreich von ihrem Schicksal eingeholt und von dort aus in die Vernichtungslager verschickt.

Die Deportationen vom Herbst 1941

Zu diesem Zeitpunkt hatten Einsatzgruppen und Einsatzkommandos bereits begonnen, die jüdische Bevölkerung in den neu besetzten Ostgebieten auszurotten. Dorthin, nach Riga, Minsk, Kowno und Lodz gingen die Transporte, die vom 18. Oktober bis 11. Dezember durchgeführt wurden.
Nach den Richtlinien des RSHA war es Aufgabe der Evakuierungsdienststellen, die Betroffenen personell zu erfassen, an einem Sammelplatz zu konzentrieren, ihren Abtransport zu organisieren und die vermögensrechtlichen Angelegenheiten zu regeln.

Zu evakuieren waren Juden im Sinne des § 5 der 1. Verordnung zum Reichsbürgergesetz vom 14. Januar 1935 mit folgenden Ausnahmen:

1. in deutsch-jüdischer Mischehe lebende Juden,
2. Juden ausländischer Staatsangehörigkeit (es sei denn, es handelte sich um ehemals polnische und luxemburgische sowie um sowjetrussische Staatsangehörige),
3. im geschlossenen Arbeitseinsatz stehende Juden samt Familie, falls das zuständige Rüstungskommando und Arbeitsamt der Evakuierung nicht zustimmt,
4. Juden über sechzig Jahre.

Die freigewordenen Wohnungen waren sicherzustellen und zu versiegeln. Jeder, der für die Deportation vorgesehen war, mußte mindestens fünfundzwanzig Prozent seines Barvermögens »als Spende« auf ein einzurichtendes »Sonderkonto W« einzahlen, aus dem sämtliche durch die Transporte entstehenden Ausgaben bestritten wurden.

Im Verlauf dieser ersten Deportationswelle wurden 50 000 Juden aus dem Reich, aus Österreich und dem Protektorat Böhmen und Mähren allein in die Gegend um Riga und Minsk abgeschoben. Die Begleitkommandos stellte die Ordnungspolizei in Stärke von eins zu zwölf, wobei sie je Transportzug eintausend Personen zu bewachen hatte. Wie routiniert, wie gefühllos für das Elend, sie ihrer Aufgabe nachkamen, das vermittelt der Bericht eines Hauptmanns der Schutzpolizei, der am 26. Dezember einen Transport nach Riga leitete.

Aus dem neunseitigen Bericht seien folgende charakteristischen Stellen zitiert:

»Auf dem Wege vom Schlachthof (Sammelplatz) zur Verladerampe hatte ein männlicher Jude versucht, Selbstmord durch Überfahren mittels der Straßenbahn zu verüben. Er wurde jedoch von der Auffangvorrichtung der Straßenbahn erfaßt und nur leichter verletzt. Er stellte sich anfänglich sterbend, wurde aber während der Fahrt bald sehr munter.«

Über den Aufenthalt in Riga:

»Das lettische Volk ist, soweit ich beobachten konnte, deutschfreundlich und spricht auch zum großen Teil deutsch... Ihr Haß gilt insbesondere den Juden. Sie haben sich daher vom Zeitpunkt der Befreiung bis jetzt auch sehr ausgiebig an der Ausrottung dieser Parasiten beteiligt. Es erscheint ihnen aber, was ich insbesondere beim lettischen Eisenbahnpersonal feststellen konnte, unverständlich, weshalb Deutschland die Juden nach Lettland bringt und sie nicht im eigenen Lande ausrottet.«

Die Deportationen vom Frühjahr 1942

Für diesen Zeitraum ist besonders die Besprechung der für die Judenfrage zuständigen Sachbearbeiter der Stapo(leit)stellen hervorzuheben, die am 6. März 1942 im RSHA – Ref. IV B 4, also bei Eichmann, stattfand. Dieser teilte zunächst mit, daß weitere 55 000 Juden evakuiert werden sollten, und zwar 20 000 aus Prag, 18 000 aus Wien und der Rest aus dem Reichsgebiet. Er wies die »Sachbearbeiter« an, von diesen Evakuierungen auch die Gau- bzw. Kreisleiter zu unterrichten, die sich zum Teil darüber beschwert hätten, daß sie von derart einschneidenden Maßnahmen keine Kenntnis erhielten. Im übrigen sei absolute Geheimhaltung erforderlich. Das sogenannte »Sonderkonto W« stehe dem Ref. IV B 4 des RSHA zur Verfügung, daher sollten die Juden zu erheblichen Spenden angehalten werden. Der Abfahrtstag werde den Stapostellen sechs Tage vorher fernmündlich unter dem Kennwort DA bekanntgegeben.

Die neuen Richtlinien für den zu evakuierenden Personenkreis nahmen von den Deportationen nur Juden im Alter von 65 Jahren und solche zwischen 55 und 65 aus, die besonders gebrechlich und völlig transportunfähig waren. War bei Ehepaaren der eine Teil unter und der andere über 65, sollten beide evakuiert werden, wenn der andere nicht über 67 Jahre alt war und ein amtsärztliches Zeugnis für seine Arbeitsfähigkeit beibringen konnte. Ehepaare und Kinder bis zu vierzehn Jahren sollten zusammen bleiben. Für

Transporte in das Generalgouvernement, das als Ausland galt, wurde bestimmt, daß deutsche Juden ihre deutsche Staatsangehörigkeit mit dem Überschreiten der Grenze verlieren, so daß ihr Vermögen aufgrund des § 3 der 11. Verordnung zum Reichsbürgergesetz automatisch dem Reich zufiel. Einen Einblick in die Zusammensetzung eines solchen Transportes gibt der Bericht der Stapoleitstelle Düsseldorf vom 29. April 1942:

»Der am 22.4.1942 von Düsseldorf-Derendorf um 11.06 Uhr nach Izbica abgegangene DA 52 umfaßte 387 männliche und 554 weibliche, insgesamt 942 Juden. Die altersmäßige Gliederung ist folgende:

1 – 6 Jahre:	26 Juden	6 – 14 Jahre:	39 Juden
14 – 18 Jahre:	58 Juden	18 – 50 Jahre:	380 Juden
		über 50 Jahre:	438 Juden

Berufsgliederung:

Akademiker:	15 Juden	Arbeiter:	222 Juden
Kaufleute:	33 Juden	landwirt. Arbeiter:	3 Juden
Angestellte:	39 Juden	Hausangestellte:	40 Juden
Handwerker:	95 Juden	ohne Beruf:	494 Juden

...

Nach den z. Z. hier vorliegenden Unterlagen wurden von den nach Izbica abgeschobenen Juden 126 259,05 RM für das »Sonderkonto W« der Reichsvereinigung der Juden in Deutschland abgetreten.«

Anschließend wird vermerkt, daß drei Juden vor dem Transport Selbstmord verübten und fünf weitere wahrscheinlich infolge Selbstmordes noch vermißt würden.

Die Deportationen vom Sommer 1942

Die Transporte erfolgten im wesentlichen nach den gleichen Richtlinien wie die voraufgegangenen Deportationen. Als Beispiel sei der Transport DA 22 vom 15. Juni 1942 genannt, an dem beteiligt waren: Stapostelle Koblenz mit 450 Juden (einschließlich geistig Behinderten aus der Heil- und Pflegeanstalt Bendorf/Rhein), Stapostelle Aachen mit 144 Juden, Stapostelle Köln mit 318 Juden und Stapoleitstelle

Düsseldorf mit 154 Juden. Aus einem Fernschreiben der Stapostelle Koblenz geht hervor, daß allein neun Güterwagen für 400 geistig behinderte Juden aus der israelitischen Heil- und Pflegeanstalt Bendorf-Sayn vorgesehen waren.

Die Deportationen in das sogenannte »Altersghetto« Theresienstadt, Sommer bis Herbst 1942

Die »Richtlinien zur technischen Durchführung der Evakuierung von Juden in das Altersghetto Theresienstadt« unterschieden sich von den früheren Evakuierungsrichtlinien hauptsächlich hinsichtlich des zu erfassenden Personenkreises.
Bei diesen Transporten nahmen, einem Abschlußbericht der Stapoleitstelle Düsseldorf vom 18. August 1942 zufolge, Fälle von Selbstmord und Flucht erheblich zu:

»Vor Abgang der Transporte verübten 13 Personen Selbstmord, 5 zur Evakuierung vorgesehene Juden verstarben bis zum Abgang des Transportes und 5 Juden entzogen sich der Evakuierung durch Flucht.«

Insgesamt wurden 1659 Juden mit zwei Transporten am 21. und 25. Juli nach Theresienstadt deportiert.

Die Deportationen vom Jahre 1943

Am 20. Februar 1943 erließ das Reichssicherheitshauptamt die »Richtlinien zur technischen Durchführung der Evakuierung von Juden nach dem Osten«, in denen zum ersten Mal Auschwitz als Zielort auftauchte. Der von der Evakuierung ausgenommene Personenkreis wurde um zwei Kategorien erweitert, und zwar um Juden, die durch besonderen Erlaß des RSHA zurückgestellt waren sowie um ehemals österreichische Juden, die nach dem 15. September 1935, aber vor dem Anschluß Österreichs aus der jüdischen Religionsgemeinschaft ausgetreten oder aus »entschuldbaren« Gründen daran gehindert waren.
Hingegen sollten jüdische Ehepaare, bei denen der eine Teil unter 65, der andere über 65 Jahre alt war und die bisher aus-

schließlich nach Theresienstadt gebracht worden waren, nun beide nach Auschwitz deportiert werden. Als diese Aktionen im Sommer 1943 beendet waren, gab es außer in Mischehen lebenden Juden und deren Kindern keine Juden mehr in Deutschland.

2. DIE DEPORTIERUNG DER JUDEN AUS DEN BESETZTEN GEBIETEN

Frankreich

Nach Abschluß des deutsch-französischen Waffenstillstandsvertrages wurden die Interessen der Besatzungsmacht bis zum 1. Juni 1942 durch den Militärbefehlshaber in Frankreich, General Otto von Stülpnagel, und dessen nachgeordnete militärische Dienststellen wahrgenommen. Dazu gehörte die Aufrechterhaltung der öffentlichen Ordnung und Sicherheit, was die Befugnis zur Verhaftung von Geiseln als Repressalie oder Präventivmaßnahme einschloß. Bei der Durchführung solcher Maßnahmen, die nur allzu oft über das allgemeine Kriegsrecht hinausgingen (worauf an anderer Stelle noch einzugehen ist), trat die Geheime Feldpolizei und die Feldgendarmerie in Erscheinung. Hier in Frankreich wurde die Militärverwaltung, der auch die Gesetzgebung oblag, zum Handlanger nationalsozialistischer Rassenpolitik, als sie die drei »Judenverordnungen« vom 27. September 1940, 13. Oktober 1940 und 26. April 1941 erließ, die die Registrierung der Juden, die Enteignung jüdischer Betriebe (»wirtschaftliche Arisierung«) und die Definition, wer als Jude zu gelten habe, betrafen.
Ebenso wie im Reich wurden die Deportationen aus den besetzten Gebieten von den SS-Dienststellen durchgeführt, unterstützt allerdings von weiteren deutschen Dienststellen, die innerhalb ihres Zuständigkeitsbereiches über Erfassung und Umsiedlung der Zivilbevölkerung zu bestimmen hatten.
In die Verantwortung der Militärverwaltung fallen weiterhin vor allem zwei Razzien größeren Umfangs vom 20./21.

August 1941 und vom 14. Dezember 1941, bei denen insgesamt 5000 Juden verhaftet und in das Lager Drancy gebracht wurden.
Mit der Einsetzung des Höheren SS- und Polizeiführers Ober, im Juli 1942 ging dann die Polizeigewalt vom Militärbefehlshaber auf Sicherheitspolizei und SD über, die bis 1944 mehrere Großrazzien durchführten, bei denen insgesamt etwa 80 – 100 000 Juden hauptsächlich nach Auschwitz deportiert wurden. Als Ende 1942 das bis dahin unbesetzte Vichy-Frankreich okkupiert wurde, suchte die SS auch der dorthin geflüchteten Juden habhaft zu werden. Daß sich trotzdem viele von ihnen in Sicherheit bringen konnten, lag an der zunächst zögernden Mitarbeit sowohl der französischen Behörden als auch der Italiener, die einen Teil Frankreichs besetzt hatten. Nur diesem Umstand ist es zu verdanken, daß etwa ein Drittel der Juden, die bei Ausbruch des Krieges in Frankreich lebten, am Leben blieben.

Belgien

Im April 1940 lebten in Belgien etwa 115 000 Juden, von denen 35 000 gebürtige Belgier und etwa 45 000 aus dem Osten zugewandert waren. Hinzu kamen etwa 35 000 Emigranten aus Deutschland. Als Belgien von der deutschen Wehrmacht besetzt wurde, flüchteten viele Juden. Zurück blieben etwa 95 000, davon 50 000 Männer, 35 000 Frauen und 10 000 Kinder. Nach der Besetzung – der belgische König hatte kapituliert, die Regierung war ins Exil gegangen – wurde Belgien unter Militärverwaltung gestellt. Das bedeutete, daß der Militärbefehlshaber, General von Falkenhausen, gleichzeitig die oberste militärische, politische, verwaltungsmäßige und wirtschaftliche Instanz darstellte. In seinen Zuständigkeitsbereich gehörten auch die beiden französischen Departements Nord und Pas de Calais.
Solange in diesem Gebiet noch keine Dienststelle der Sicherheitspolizei und des SD vorhanden war, lag die Entscheidungsgewalt also bei der Wehrmacht, und auch die im

Oktober 1940 in Brüssel eingerichtete Dienststelle: »Der Beauftragte des Chefs der Sicherheitspolizei und des SD für den Bereich des Militärbefehlshabers in Belgien und Nordfrankreich«, zeigt, daß die Kompetenzen der Militärverwaltung erhalten blieben. Erst gegen Ende der Besatzungszeit wurde auch für diesen Bereich ein Höherer SS- und Polizeiführer eingesetzt.

Das bedeutete, daß in Belgien ebenso wie in Frankreich die Verfolgung der Juden durch Befehle der Militärverwaltung ausgelöst wurde. So berichtete General von Falkenhausen in seinem Tätigkeitsbericht Nr. 20 für die Zeit vom 15. März bis 1. Juni 1942:

»...kann die Judengesetzgebung in Belgien nunmehr als abgeschlossen betrachtet werden. Die Juden haben nur noch äußerst beschränkte Lebensmöglichkeiten. Der nächste Schritt wäre nunmehr ihre Evakuierung aus Belgien, die jedoch nicht von hier aus, sondern nur im Zuge der allgemeinen Planung von den zuständigen Reichsstellen veranlaßt werden kann...«

Dieser Gesamtplan, den der Militärbefehlshaber forderte, nahm bereits wenige Tage später feste Formen an. Am 11. Juni fand im Reichssicherheitshauptamt auf Einladung Eichmanns eine Besprechung über geplante Deportationen größeren Ausmaßes aus den besetzten Westgebieten nach Auschwitz statt. Dabei sollte Belgien 10 000 Juden »liefern«, von denen neunzig Prozent voll arbeitsfähig sein sollten. Die Deportationen begannen am 4. August 1942, und bereits Mitte September war das »Soll« von 10 000 Juden, die in zehn Transporten nach Auschwitz gebracht wurden, erfüllt. Trotzdem gingen die Deportationen laufend weiter. Insgesamt wurden unter der Verantwortung des Militärbefehlshabers bis zum 13. Juli 1944 etwa 26 000 Juden aus Belgien nach Auschwitz deportiert, darunter 10 600 Männer, 10 300 Frauen und 4500 Kinder unter fünfzehn Jahren. Mindestens 12 000 von ihnen – darunter sämtliche Kinder – schickte die SS sogleich nach ihrer Ankunft in die Gaskammern. Die anderen – bis auf etwa 1200 Überlebende –

wurden später vergast oder starben qualvoll durch Mißhandlung, Hunger und Krankheit.

Holland

Von den besetzten westeuropäischen Ländern hatte dieses Land am meisten unter den Verfolgungen zu leiden. Dort hatte neben dem Reichskommissar Seyß-Inquart die SS, vertreten insbesondere durch den Höheren SS- und Polizeiführer Hanns Albin Rauter, von Anfang an eine einflußreiche Position. Von den ungefähr 140 000 Juden, die bei Kriegsausbruch in Holland lebten, wurden etwa 100 000 deportiert. Nur ca. 6000 von ihnen kehrten nach dem Kriege zurück.

Die ersten Razzien setzten im Januar 1941 im Amsterdamer Judenviertel ein. Einen Monat später kam es wegen der Judenverfolgung zu einem Generalstreik der holländischen Arbeiter, der jedoch in drei Tagen niedergeschlagen wurde. Die Folge war, daß ein Teil der Streikenden zusammen mit mehreren hundert Juden in deutsche Konzentrationslager gebracht wurde, unter anderem auch in den Steinbruch von Mauthausen, wo viele von ihnen den Tod fanden. Im Zuge der Endlösung wurden die Juden Hollands in dem Sammellager Westerbork konzentriert, von wo aus die Transporte zur Vernichtung nach Auschwitz und Sobibor abgingen.

Dänemark und Norwegen

In Dänemark gelang es der deutschen Besatzungsmacht nicht, die Regierung zu irgendeiner, die Rechte ihrer jüdischen Mitbürger einschränkenden Gesetzgebung zu bewegen. Der dänische König Christian X. soll geäußert haben, er selbst würde als erster Däne den Judenstern tragen, falls die Deutschen diese Kennzeichnung der dänischen Juden erzwingen würden. So blieben die 6500 Juden bis zum Herbst 1943 zunächst unbehelligt. Erst als im August ein Streik der Werftarbeiter den Deutschen einen Vorwand lieferte, Ausnahmezustand und Standrecht zu verhängen, wurde eine

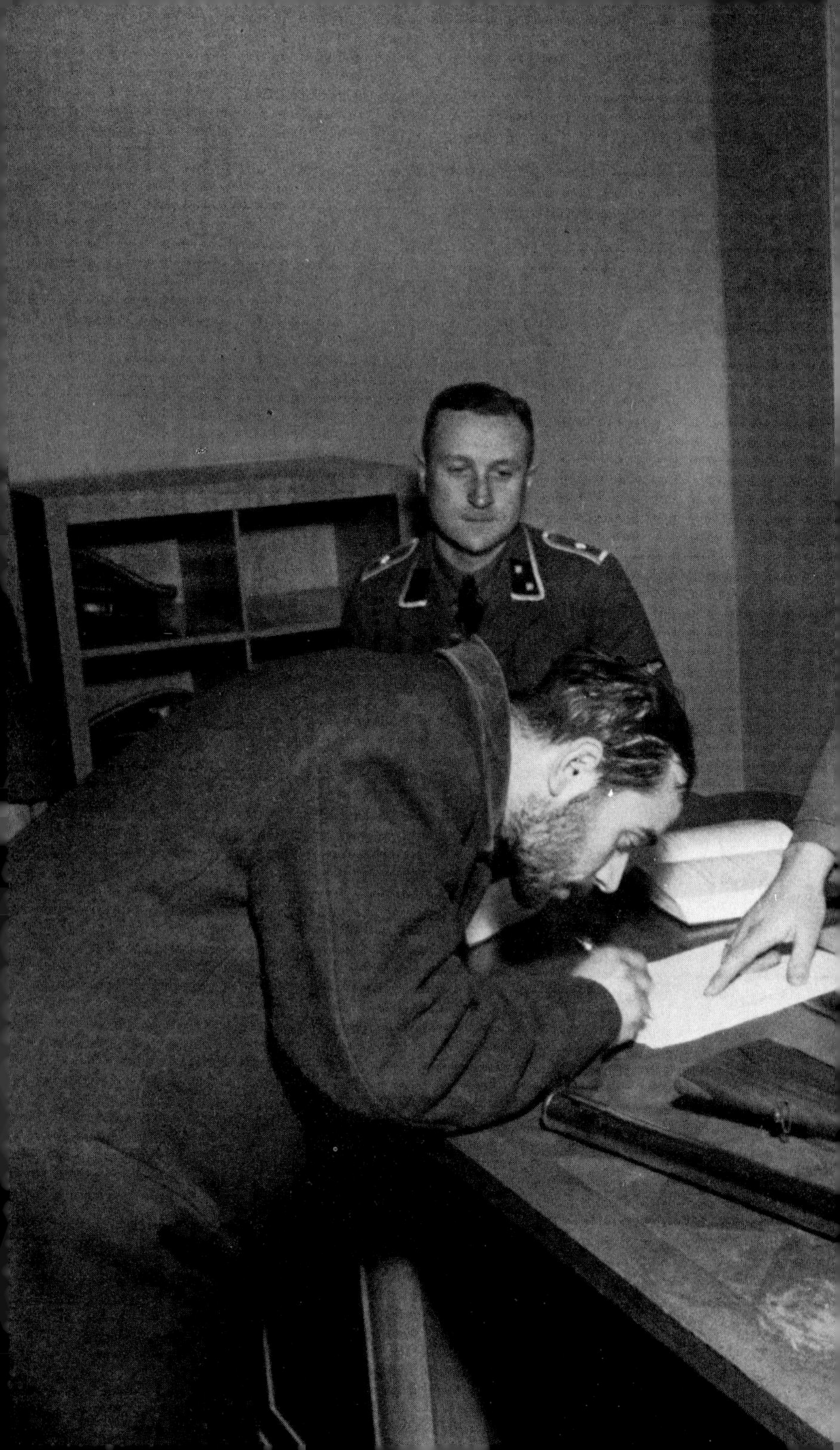

◀ Standgericht der SS in den besetzten Gebieten. Ein Beamter des SD verhört einen Polen, in dessen Besitz angeblich Waffen gefunden wurden.

Der Sicherheitsdienst
SS-Rottenführer
im feldgrauen Dienstanzug mit Mantel

Nach Beginn des Krieges tauschten auch die Beamten des Sicherheitsdienstes des Reichsführers SS vor allem in den besetzten Gebieten die schwarze Uniform gegen die feldgraue aus. Ihre Ränge entsprachen denen der SS. In der Uniform unterschieden sie sich dadurch, daß der rechte Kragenspiegel ganz schwarz blieb und auf dem linken Ärmel die SD-Raute aufgenäht war.

erste Razzia gegen die Juden durchgeführt, bei der jedoch aufgrund der fehlenden Mitwirkung der dänischen Behörden und der spontanen Hilfsbereitschaft der Bevölkerung nur 477 Juden gefaßt werden konnten, von denen die meisten nach Theresienstadt gebracht wurden und den Krieg überlebten. Mehr als 6000 dänische Juden aber wurden von Ende September bis Mitte Oktober in einer beispiellosen Aktion von den Dänen auf Fischerbooten nach Schweden gerettet – ein Akt der Solidarität und Menschlichkeit, der allerdings auch dadurch ermöglicht wurde, daß drei Tage vor der geplanten Großrazzia die Dänen von dem deutschen Beamten Georg Ferdinand Duckwitz, vermutlich mit stillschweigender Billigung des Reichsbevollmächtigten Werner Best, entsprechende Hinweise erhalten hatten.
Auch in Norwegen konnten sich etwa zwei Drittel der dort lebenden 2000 Juden der Verfolgung mit Hilfe der Bevölkerung entziehen. Sie flohen entweder nach Schweden oder versteckten sich im Lande.
Etwa 770 jüdische Männer, Frauen und Kinder wurden jedoch im Oktober 1943 festgenommen und nach Auschwitz gebracht. Nicht mehr als zehn bis zwanzig von ihnen haben überlebt.

Italien

Trotz aller deutschen Interventionen schützte das faschistische Italien seine Juden zunächst vor dem tödlichen Zugriff des Bündnispartners. Erst als Italien 1943 von der deutschen Wehrmacht besetzt wurde, war für die italienischen Juden dieser Schutz nicht mehr gegeben. Von den 8000 in Rom lebenden Juden konnten zunächst lediglich 1000 ergriffen werden.
Auch nach Ausdehnung der Aktion auf den mittel- und norditalienischen Raum brachte man »nur« etwa 7500 Juden von den 50000 in Italien lebenden Juden über die Lager Bozen und Fassoli nach Auschwitz und in andere Lager. Knapp 7000 von ihnen fanden den Tod.

Tschechoslowakei

Während die Tschechei im März 1939 nach der vorherigen Besetzung des Sudetenlandes als »Reichsprotektorat Böhmen und Mähren« ans deutsche Reich angegliedert worden war, beließ man die Slowakei in scheinbarer Selbständigkeit. Das dort herrschende Satellitenregime folgte dem deutschen Beispiel und schickte den ersten Judentransport aus freien Stücken. Von den etwa 88 500 Juden, die dort Ende 1940 lebten, waren bis Juni 1942 52 000 slowakische Juden teils nach Auschwitz, teils in das Lubliner Gebiet deportiert worden: nur 284 überlebten. Als die Slowakei im August 1944 nach einem Aufstand von der deutschen Wehrmacht besetzt wurde, zog das erneut Judendeportationen nach sich, und noch kurz vor dem Einrücken der Roten Armee wurden mehr als 10 000 Juden nach Auschwitz, Belsen oder Theresienstadt deportiert.

Im »Reichsprotektorat«, wo zur Zeit seiner Besetzung etwa 160 000 Juden lebten, errichtete Eichmann im Juli 1939 die Prager »Zentralstelle für jüdische Auswanderung«, die die Mitarbeit der jüdischen Kultusgemeinde erpreßte: Ungefähr 90 000 Juden verließen unter beträchtlichen finanziellen Opfern das Land.

Die ersten Deportationen fanden erst zwei Jahre später statt; sie gingen nach Lodz, Minsk, Riga und Kowno. Als Sammel- und Durchgangslager für die tschechischen Juden wurde Theresienstadt eingerichtet: Von den mehr als 73 000 dort Internierten endeten etwa 60 000 in Auschwitz. Offiziell trug man der neuen Entwicklung Rechnung und benannte – da es keine Möglichkeit zur Auswanderung mehr gab – 1942 die Zentralstelle in »Zentralamt für die Regelung der Judenfrage in Böhmen und Mähren« um, das nunmehr die »Endlösung« durchführte.

Jugoslawien

Nach der Besetzung Jugoslawiens durch die deutsche Wehrmacht im April 1941 proklamierte *Kroatien* seine Unabhängigkeit und wurde von den Deutschen als Satellitenstaat geduldet, da sich das autoritäre Regime unter Ante Pavelić an den NS-Gesetzen orientierte. Von den etwa 25 000 Juden blieb kaum einer am Leben. Einige Tausend wurden von den Kroaten brutal ermordet, andere überlebten die Zwangsarbeitslager nicht. Etwa 9000 wurden im Sommer 1942 nach Auschwitz deportiert, kleinere Transporte folgten, so daß am 22. April 1944 gemeldet werden konnte: »Die Judenfrage ist in Kroatien in weitem Maße bereinigt worden.«

In *Serbien*, das unter deutscher Militärverwaltung stand, fanden keine Deportationen statt. Hier wurden Juden und Zigeuner an Ort und Stelle ermordet, und zwar unter Mithilfe der Wehrmacht im Rahmen von angeblichen »Geiselerschießungen«. In den Ghettos von Belgrad, Sabac und Semlin wurden sie als »Geiselreserven« für Vergeltungserschießungen bei der Partisanenbekämpfung bereitgehalten. Als beispielsweise jugoslawische Partisanen zweiundzwanzig deutsche Soldaten getötet hatten, wurden am 2. November 1941 2100 männliche Insassen der Lager Belgrad und Sabac erschossen – von Angehörigen der Wehrmacht, gegen alle Regeln des anerkannten Kriegsrechts. Die Frauen und Kinder dieser und späterer Opfer wurden auf Weisung des RSHA im Lager Semlin vergast. Das serbische Judentum war nahezu völlig ausgelöscht.

Griechenland

1941 wurde Griechenland aufgeteilt: Der Norden kam zu Bulgarien; Südgriechenland besetzten die Italiener, und der Rest wurde unter deutsche Militärverwaltung gestellt. Im März 1943 begannen in Saloniki, wo allein zwei Drittel der etwa 70 000 griechischen Juden lebten, die Deportationen nach Auschwitz. Niemand der dort konzentrierten Juden überlebte. Als im August 1943 auch der bis dahin italienisch verwaltete Teil Griechenlands von der deutschen Wehrmacht besetzt wurde, schickte die SS Jürgen Stroop, der soeben das Warschauer Ghetto liquidiert hatte, nach Griechenland. Obwohl ein Teil der Juden sich auf den Inseln verstecken konnte, waren am Ende des Krieges die traditionsreichen jüdischen Gemeinden zerstört und fast achtzig Prozent der griechischen Juden ums Leben gekommen.

Bulgarien

Die mit Deutschland verbündete bulgarische Regierung war nicht bereit, die etwa 50 000 eingesessenen bulgarischen Juden – auch wenn sie entrechtet waren, als Arbeitssklaven ausgebeutet wurden – an Deutschland auszuliefern. Hingegen hatte sie keine Bedenken, die in den von Bulgarien besetzten Gebieten lebenden Juden der Vernichtung preiszugeben. So wurden im Frühjahr 1943 etwa 11 000 griechische und jugoslawische Juden nach Treblinka, Auschwitz, Majdanek und Warschau deportiert, wo sie sämtlich den Tod fanden.

Rumänien

In diesem Satellitenland des Dritten Reiches, wo vor dem Krieg mit etwa 800 000 Juden die drittgrößte jüdische Gemeinschaft in Europa bestand, ließ die radikal antisemitische Regierung Antonescu aus eigenem Antrieb grausamste Judenpogrome veranstalten. So wurden am 25. Juni 1941 in Jassy 4000 Juden von rumänischem Militär ermordet. Etwa 70 000 kamen in rumänischen Konzentrationslagern in Transnistrien ums Leben. Anfang 1942 begannen die Rumänen, ihre Juden in die angrenzenden, deutsch besetzten Gebiete Rußlands abzuschieben, wo sie von der Einsatzgruppe D erschossen wurden. Das Reichssicherheitshauptamt jedoch protestierte schließlich und bestand auf »ordnungsgemäßer« Deportation. Antonescu, der nach anfänglichem Zögern zustimmte, zog im September 1942 seine Einwilligung plötzlich wieder zurück, da er offenbar nicht mehr an den »Endsieg« Hitlers glaubte. Für die noch lebenden rumänischen Juden bedeutete dies die Rettung, sie kamen nicht nach Auschwitz. Die Hälfte der jüdischen Bevölkerung aber war bis dahin – auch ohne eine systematische Durchführung der »Endlösung« – bereits ermordet worden.

Ungarn

Bis Anfang 1944 gelang es den Deutschen nicht, das verbündete Ungarn zur radikalen Verfolgung seiner 750 000 Juden zu bewegen. Erst als im März 1944 die ungarische Regierung auf Druck Hitlers umgebildet wurde, trat Eichmann an der Spitze eines »Sondereinsatzkommandos« persönlich in Aktion. Er teilte Ungarn in fünf Zonen ein – Budapest bildete eine sechste Zone – und ließ die Massendeportationen nach genauem Fahrplan anlaufen. Am 7. Juni waren aus Zone I und II bereits 289 357 Juden, am 17. Juni aus Zone III 50 805, am 30. Juni aus Zone IV 41 499 und am 9. Juli aus Zone V 57 741 nach Auschwitz deportiert worden. Nur Budapest war bisher verschont geblieben. Als Rumänien im August auf die Seite Rußlands überging, begann auch Ungarn, sich von dem deutschen Bündnispartner abzusetzen. Die ungarische Regierung forderte Eichmann unverzüglich zum Verlassen des Landes auf, aber das bedeutete nicht die Rettung für die Juden Budapests. Nach dem von den Deutschen erzwungenen Rücktritt des Reichsverwesers Horthy und seiner Einlieferung ins Konzentrationslager Mauthausen, wurde mit dem ungarischen Innenminister »vereinbart«, daß die Budapester Juden in Arbeitslagern zu konzentrieren und 50 000 von ihnen als Zwangsarbeiter ins Reich zu schicken seien.
In großen Trecks wurden bis zum 26. Oktober 35 000 Juden zu Fuß in Richtung Österreich getrieben: Ein großer Teil von ihnen überlebte den Todesmarsch nicht. Weitere Vernichtungsmaßnahmen wurden glücklicherweise durch das rasche Vorrücken der Roten Armee verhindert, so daß etwa 200000 Juden überlebten.

DIE ZIVILVERWALTUNG IN DEN BESETZTEN OSTGEBIETEN

In jenen Ländern und Gebieten im besetzten Europa, die weder unter Militärverwaltung standen, noch dem Deutschen Reich eingegliedert waren, wurden Zivilverwaltungen eingesetzt, die Hitler direkt unterstellt waren oder auf die er zumindest unmittelbaren Einfluß nehmen konnte. Abgesehen von zwei westlichen Ländern, Holland und Norwegen, wo Artur Seyß-Inquart und Josef Terboven als Reichskommissare gefolgstreu und ideologisch zuverlässig die Staatsverwaltung kontrollierten, war das vor allem in den besetzten Ostgebieten der Fall: in den Reichskommissariaten Ostland und Ukraine sowie in Polen, im sogenannten Generalgouvernement.

Hier im Osten waren die Schauplätze, wo die Verbrechen geschahen; die Ghettos, in die Millionen Juden aus ganz Europa zusammengetrieben wurden; die Todeslager, Gaskammern, Krematorien und Massengräber. Den einst gepriesenen und in haßerfüllten Tiraden geforderten »Lebensraum«, das »Siedlungsland« für das deutsche Volk verwandelten die nationalsozialistischen Herren in ein Land des Todes. In diesem Plan war auch den von Hitler eingesetzten Reichskommissaren ihre Rolle zugedacht.

1. DIE REICHSKOMMISSARIATE OSTLAND UND UKRAINE

Schon wenige Wochen nach dem Überfall auf Rußland setzte Hitler durch Erlaß vom 17. Juni 1941 in Teilen des besetzten Gebietes Zivilverwaltungen ein. Die ehemals baltischen Staaten wurden mit Teilen Weißrußlands zum Reichskommissariat Ostland zusammengefaßt, das sich in vier Generalkommissariate aufteilte: Estland, Lettland, Litauen und Weißruthenien. Als Reichskommissar wurde ein Mann aus der Parteihierarchie bestellt: Hinrich Lohse, der Gauleiter von Schleswig-Holstein.

Auch in der Ukraine hatte ein alter »Kämpfer« das Sagen: Erich Koch, der Gauleiter von Ostpreußen. Dieses zweite Reichskommissariat, das das verkleinerte Territorium der Ukraine umfaßte, gliederte sich in sechs Generalkommissariate: Wolhynien, Shitomir, Kiew, Nikolajew, Dnjepropetrowsk und Krim. Die Generalkommissariate setzten sich, ebenso wie im Reichskommissariat Ostland, wiederum aus Gebietskommissariaten zusammen.
Offiziell waren die beiden Reichskommissariate zwar dem eigens dafür eingerichteten Ministerium für die besetzten Ostgebiete unterstellt, doch konnte Rosenberg aufgrund seiner schwachen Stellung keinen entscheidenden Einfluß nehmen. Daß Hitler diesen für sich selbst beanspruchte, trat bereits in der Wahl des Personals zutage, bei dem es sich zu einem großen Teil um bewährte Gefährten aus der Kampfzeit handelte – eine scheinbare Gewähr für unbedingte Gefolgschaft auch angesichts unvorstellbarer Verbrechen. Diese Rechnung sollte jedoch nicht in jedem Fall aufgehen.

Die aktive Durchführung der Vernichtungsmaßnahmen im Rahmen der »Endlösung der Judenfrage« lag auch in den Reichskommissariaten bei den SS-Dienststellen. Das bedeutete, daß die Höheren SS- und Polizeiführer, obwohl der Zivilverwaltung formell unterstellt, befugt waren, diesbezügliche Anordnungen zu erteilen. Dabei wurde die tatkräftige Mithilfe der Zivilverwaltung als selbstverständlich vorausgesetzt.
Diesen Erwartungen entsprach der Reichskommissar der Ukraine voll und ganz – Erich Koch stand den Vernichtungsaktionen positiv und fördernd gegenüber. In seinem Zuständigkeitsbereich spielte sich das größte von den Einsatzgruppen angerichtete Massaker ab, die Erschießungen in der Schlucht von Babi-Yar. Schon während seiner Amtszeit als Gauleiter in Ostpreußen bestanden keine Zweifel an seinem extremen Rassismus. So erklärte er einmal, »er

müsse jederzeit in der Lage sein, Polen und Juden, die sich seinem Aufbau« – in dem Ostpreußen zugeschlagenen Regierungsbezirk Zichenau – »irgend hinderlich in den Weg stellen sollten, ohne Mitwirkung der für dieses Gebiet ganz unbrauchbaren Justiz aufhängen zu lassen«.
Anders verhielt sich der Reichskommissar des Ostlandes. Hinrich Lohse wurde in der Einstellungsverfügung der zuständigen Staatsanwaltschaft vom 3. Dezember 1962 bestätigt, »er sei nicht in der Lage gewesen«, die von höchster Stelle gutgeheißenen Maßnahmen des Reichsführers SS und seiner nachgeordneten Dienststellen gegen die Juden zu verhindern«. Im übrigen stehe fest, daß sich Lohse nachdrücklich gegen Judenexekutionen gewandt und die aktive Teilnahme von Angehörigen der Zivilverwaltung bei Exekutionen verboten habe.
Aus solchen Verhaltensweisen und Maßnahmen jedoch zu schließen, Lohse sei mit dem rassistischen Programm des Nationalsozialismus und seinen praktischen Konsequenzen grundsätzlich nicht einverstanden gewesen, wäre voreilig. Sicher ging vielen der in der Zivilverwaltung des Ostens eingesetzten »Alten Kämpfern« die eiskalte Perfektion der SS-Mörder und ihrer Vernichtungsindustrie ab – aber was einige von ihnen zum Protest trieb, das war zum einen ein Affront gegen die alles beherrschende SS, die ihre Aktionen teilweise sogar ohne Verständigung der Zivilverwaltung durchführte; zum anderen entsprang es wirtschaftlichen Überlegungen und der Furcht, die ohnehin labile öffentliche Ordnung zusätzlich zu gefährden.
Solche Motive lagen zumindest dem Handeln des Generalkommissars von Weißruthenien, Wilhelm Kube, zugrunde, der in seinem Gebiet einen heftigen Krieg mit der SS vom Zaun brach, Strafanträge gegen deren Einheiten wegen Disziplinlosigkeit stellte und einen zähen erbitterten Briefwechsel mit seinen vorgesetzten Dienststellen führte. Kube, ansonsten als korrupter Parteifunktionär und rüder Antisemit bezeichnet, reagierte mit überraschender Wider-

spenstigkeit, als die SS sein Generalkommissariat zum Zentrum einer Vernichtungsaktion machte, denn – so Kube: »Mit derartigen Methoden läßt sich die Ruhe und die Ordnung in Weißruthenien nicht aufrecht erhalten.«

Andere General- und Gebietskommissare zeigten sich von solchen Erwägungen unbeeindruckt und verhielten sich SS-angepaßt: sie räumten dem ideologischen Ausrottungsfeldzug unbedingte Priorität ein.
So verfolgte der Gebietskommissar in Slonim (Weißruthenien) die Vernichtung der jüdischen Bevölkerung als eigenes Ziel, gewährte der Sicherheitspolizei und dem SD tatkräftige Unterstützung und ließ Angehörige seines Kommissariats im Juni 1942 aktiv an den Vernichtungsaktionen teilnehmen.
Auch der Gebietskommissar von Kowel betätigte sich sowohl organisatorisch wie eigenhändig an Massenerschießungen, ohne daß hierzu vom Reichs- oder Generalkommissariat Befehle ergangen wären.

2. DAS GENERALGOUVERNEMENT

Dieses nach dem Überfall auf Polen von Hitler am 12. Oktober 1939 als sogenanntes Generalgouvernement (GG) geschaffene Gebiet umfaßte im wesentlichen die früheren Wojewodschaften Lublin, Warschau, Krakau, Lemberg, Stanislau und Tarnopol, den überwiegenden Teil der Wojewodschaft Kielce sowie Teile der Wojewodschaft Lodz und gliederte sich in fünf Distrikte: Galizien, Krakau, Lublin, Radom und Warschau. Die Gesamtbevölkerung des Generalgouvernements zählte etwa 20 Millionen, darunter etwa 2 bis 2,5 Millionen Juden. Nachdem diese in den Ghettos der größeren Städte konzentriert und von der übrigen Bevölkerung abgesondert worden waren, betrachtete Hitler das GG als »eine polnische Reservation, ein großes polnisches Arbeitslager«, als »Ausleihzentrale für ungelernte

Arbeiter«; es dürfe keine »polnischen Herren geben, wo polnische Herren vorhanden seien, sollten sie, so hart es klingen möge, umgebracht werden«. Mit solchen Richtlinien versehen, hatte Dr. Hans Frank als Generalgouverneur, der nur Hitler unterstellt war, die Vorstellungen seines Führers in die Praxis umzusetzen.

Dafür verurteilte ihn der Nürnberger Gerichtshof 1946 zum Tode.

Der Jurist Frank, einer der frühesten Gefolgsleute Hitlers und sein Anwalt in verschiedenen Strafprozessen, wurde 1933 Reichsleiter und Präsident der von ihm gegründeten Akademie für Deutsches Recht, ein Jahr später Reichsminister ohne Geschäftsbereich. Als Generalgouverneur mit Amtssitz in Krakau, führte er die Nürnberger Rassengesetze des Nationalsozialismus in Polen ein. Er wies den Juden bestimmte Wohnbezirke zu, deren Verlassen mit dem Tode bestraft wurde. Im Frühjahr 1942 liefen mit seiner Billigung die ersten Aussiedlungs- und Vernichtungsmaßnahmen im GG an.

Etwa zu dieser Zeit ging die Organisation der Judenumsiedlungen von der SS hauptsächlich auf die Zivilverwaltung über: Absonderung und Ghettoisierung der jüdischen Bevölkerung fiel nun in die Zuständigkeit der Kreishauptleute, die den zweiundfünfzig Landkreisen des Generalgouvernements vorstanden. Für diese Maßnahmen stand ihnen ein »Sonderdienst« zur Verfügung, der auch zur Erfüllung polizeilicher Aufgaben oder zur Verstärkung bereits eingesetzter Polizeikräfte herangezogen werden konnte. Für diesen Dienst konnten Männer deutscher Volkszugehörigkeit im Alter von achtzehn bis vierzig Jahren herangezogen werden. Sie wurden bewaffnet und erhielten Uniformen mit einer roten Armbinde am linken Ärmel, auf der in schwarz aufgedruckt war: »Generalgouvernement Polen – Sonderdienst«. Aber nicht nur Einrichtung und Verwaltung der Ghettos berührten den Tätigkeitsbereich der Zivilverwaltung, sondern ebenso die großen »Aussiedlungs«-Aktionen.

Politischer Leiter

im großen Dienstanzug mit weißem Rock

Die Uniformen der Reichs-, General-, Gebiets- und Bezirkskommissare entsprachen den Parteiuniformen der NSDAP, aus deren Reihen sich die Zivilverwaltung auch rekrutierte. Wegen der üppigen Dekoration an der oben abgebildeten Uniform, mit der die Politischen Leiter bei offiziellen Anlässen auftraten, wurden sie im Volksmund als »Goldfasane« bezeichnet.

◀ Gauleiter Erich Koch mit Zwangsarbeitern. Als Reichskommissar für die Ukraine beutete er die Zivilbevölkerung brutal aus.

So erließ der Kreishauptmann von Przemysl zum Beispiel folgende Bekanntmachung:

»An die
ukrainische und polnische Bevölkerung
des Kreises und der Stadt Przemysl!
Zur Durchführung der vom SS- und Polizeiführer im Distrikt Krakau angeordneten Judenaussiedlung gebe ich folgendes bekannt:

I.II Am Montag, dem 27.7.1942 beginnt im Kreis und der Stadt Przemysl eine Judenaussiedlung.

II.I Jeder Ukrainer oder Pole, der durch irgendeine Handlung versucht, diese Judenaussiedlungsaktion zu stören, wird erschossen.

III. Jeder Ukrainer oder Pole, der im jüdischen Wohnviertel beim Plündern jüdischer Wohnungen angetroffen wird, wird erschossen.

IV. Jeder Ukrainer oder Pole, der versucht, einen Juden zu verstekken bzw. ihm dabei behilflich ist, wird erschossen.

V.I Es ist verboten, jüdisches Eigentum geldlich oder unentgeltlich zu erwerben. Zuwiderhandlungen gegen diese Anordnungen werden strengstens bestraft.«

Aber auch für eine Beteiligung der Kreishauptleute an den Vernichtungsmaßnahmen, die über das Organisatorische hinausgingen, gibt es Beweise: Der Kreishauptmann von Jaslo ließ es sich nicht nehmen, die Erschießung von etwa tausend Juden in Zmigrod am 7. Juli 1941 zu leiten und dabei selbst auf die Opfer zu schießen. Und der Kreishauptmann von Rzeszow ging in seinem Judenhaß so weit, daß er bei Schießübungen im Hof seines Hauses Juden als bewegliche Ziele benutzte, wie eine in Rzeszow beschäftigte deutsche Sekretärin von ihrem Zimmer aus beobachtet hat.

DIE OBERKOMMANDOS DER WEHRMACHT UND DES HEERES

Das *Oberkommando der Wehrmacht* wurde durch Führererlaß vom 4. Februar 1938 geschaffen, nachdem der Reichskriegsminister von Blomberg aus seinem Amt geschieden

war. Hitler, der sich selbst zum Obersten Befehlshaber der Wehrmacht gemacht hatte, wies dem OKW eine doppelte Funktion zu. Es hatte die Verwaltungsaufgaben des aufgelösten Reichskriegsministeriums zu übernehmen und zugleich der persönliche Stab Hitlers auf militärischem Gebiet zu sein. Zum Chef des OKW wurde Generalfeldmarschall Keitel ernannt, der jedoch keine Kommandogewalt über die Wehrmachtsteile besaß, sondern Befehle nur im Auftrag des Obersten Befehlshabers Hitler erlassen konnte.
Das OKW gliederte sich in acht Ämter, von denen folgende hervorzuheben sind:

1. Wehrmachtsführungsamt (WFA), ab August 1940 Wehrmachtsführungsstab (WFST) unter Generaloberst Jodl.
2. Allgemeines Wehrmachtsamt (AWA) unter General d. Infanterie Reinecke. Ihm waren die kriegsministeriellen Aufgaben übertragen. Wichtig für die Frage nach der Mitschuld der Wehrmacht an Hitlers Verbrechen ist eine nachgeordnete Dienststelle dieses Amtes, die Amtsgruppe »Chef des Kriegsgefangenenwesens« (Chef Kriegsgefangene) deren Chef zugleich auch »Inspekteur der Kriegsgefangenenlager« war.
3. Amt Ausland/Abwehr unter Admiral Canaris (am 1. August 44 aufgelöst).

Mit der Umbildung des Reichskriegsministeriums zum OKW wurde im *Oberkommando des Heeres* auch der Posten des Oberbefehlshabers (ObdH) neu besetzt. Generalfeldmarschall von Brauchitsch löste den Generaloberst von Fritsch ab. Ab 19. Dezember 1941 übernahm dann Hitler selbst bis Kriegsende diese Funktion.
Neben dem Generalstab des Heeres war das OKH in folgende Ämter untergliedert:

Heerespersonalamt (HPA)
Allgemeines Heeresamt (AHA)
Heereswaffenamt (HWA)

Im Nürnberger Hauptkriegsverbrecherprozeß wurden OKW und Generalstab der deutschen Wehrmacht entgegen dem Antrag der Anklagevertretung nicht zu einer »verbrecherischen Organisation« erklärt. Jedoch wurde die OKW-Spitze, Keitel und Jodl, zum Tode verurteilt und im Oktober 1946 hingerichtet. Sie waren unter anderem für schuldig befunden worden, Kriegsverbrechen und Verbrechen gegen die Menschlichkeit begangen zu haben.
Hier soll die Frage interessieren, inwieweit sich OKW und OKH sowie Führer der Wehrmachtsteile an Maßnahmen beteiligt oder sie veranlaßt haben, die sie zu Handlangern Hitlers und Vollstreckern seiner Vernichtungspläne machten. So haben der »Barbarossaerlaß« und der sogenannte »Kommissarbefehl«, die zur Vorbereitung des Überfalls auf Rußland erlassen wurden, ihren Ursprung vor allem in der Rassenideologie. Am 20. März 1941 entwickelte Hitler in der Reichskanzlei vor etwa 250 hohen Offizieren – den Oberbefehlshabern der drei Wehrmachtsteile, den Befehlshabern der für den Ostfeldzug vorgesehenen Heeresgruppen sowie ihren nächsten Mitarbeitern – seine Auffassung über die anzuwendenden Kampfmethoden für den Angriff auf die Sowjetunion: Kommissare und GPU-Leute seien Verbrecher und als solche zu behandeln. Vor allem müßten die Führer das Opfer erbringen, ihre Bedenken zu überwinden. Die politischen Funktionäre und Kommissare der russischen Wehrmacht seien bei der Gefangennahme von den anderen Kriegsgefangenen zu trennen und den Einsatzgruppen des SD zu übergeben, die unter Befehl des Reichsführers SS die deutschen Truppen begleiten würden. Wo eine Übergabe nicht möglich sei, müßten die Funktionäre und Kommissare von der Truppe erschossen werden.
Diese Ausführungen waren von Hitler als Test gedacht, inwieweit sich die Wehrmacht in die geplanten Vernichtungsaktionen einbeziehen ließ. Es erhob sich kein Protest. Stattdessen gingen die Generale daran, Hitlers Wünsche in Befehle umzusetzen. So lag schon am 14. Mai 1941 der Ent-

wurf für einen »Erlaß über die Ausübung der Gerichtsbarkeit im Gebiet Barbarossa und über besondere Maßnahmen der Truppe« vor, der von Keitel »im Auftrage« unter dem Kopf »Der Führer und Oberste Befehlshaber der Wehrmacht« unterzeichnet und von Jodl gegengezeichnet war. Er setzte die Kriegs- und Standgerichtsbarkeit über die Zivilbevölkerung im Operationsgebiet, rückwärtigen Heeresgebiet und Gebiet der politischen Verwaltung weitgehend außer Kraft und machte damit die Zivilbevölkerung praktisch zu schutzlosen Opfern eines unter ideologischen Vorzeichen geführten Vernichtungskrieges. In Abschnitt I, Ziff. 5 heißt es zum Beispiel:

»Es wird ausdrücklich verboten, verdächtige Täter zu verwahren, sie bei Wiedereinführung der Gerichtsbarkeit über Landeseinwohner an die Gerichte abzugeben.«

In Abschnitt II wird bestimmt:

»1. Für Handlungen, die Angehörige der Wehrmacht und des Gefolges gegen feindliche Zivilpersonen begehen, besteht kein Verfolgungszwang, auch dann nicht, wenn die Tat zugleich ein militärisches Verbrechen oder Vergehen ist.
2. Bei der Beurteilung solcher Taten ist in jeder Verfahrensfrage zu berücksichtigen, daß der Zusammenbruch im Jahre 1918, die spätere Leidenszeit des deutschen Volkes und der Kampf gegen den Nationalsozialismus mit den zahllosen Blutopfern der Bewegung entscheidend auf bolschewistischen Einfluß zurückzuführen war, und daß kein Deutscher dies vergessen hat.«

Dieser Erlaß sicherte den Wehrmachtsangehörigen nicht nur Straffreiheit bei »aus Erbitterung über Greueltaten oder die Zersetzungsarbeit der Träger des jüdisch-bolschewistischen Systems« begangenen Vergehen zu, er verlangte sogar ausdrücklich härtestes Vorgehen der Wehrmacht gegen die Zivilbevölkerung.

»Gegen Ortschaften, aus denen hinterlistige und heimtückische Angriffe irgendwelcher Art erfolgt sind, sind unverzüglich auf Anordnung wenigstens eines Btls. – usw. – Kommandeurs kollektive Gewaltmaßnahmen durchzuführen, falls die Umstände eine rasche Feststellung einzelner Täter nicht erwarten lassen.«

Ein anderer Erlaß, mit dem sich die Wehrmacht nicht nur auf die ideologischen Ziele des Nationalsozialismus verpflichten, sondern sich auch in dessen Ausrottungskrieg einbeziehen ließ, war der sogenannte Kommissarbefehl. Er erscheint geradezu als Symbol für die Mitschuld der Wehrmacht. Nach vielen Änderungen am 6. Juni 1941 endgültig formuliert, bestimmten diese »Richtlinien für die Behandlung politischer Kommissare«, daß die Kommissare der Roten Armee noch auf dem Gefechtsfeld abzusondern und »nach durchgeführter Absonderung zu erledigen seien«. Das bedeutete, daß schon vor Beginn der kriegerischen Auseinandersetzungen eine Gruppe von Menschen zur Vernichtung bestimmt wurde, und zwar durch die Wehrmacht, der damit ähnliche Aufgaben zugewiesen wurden wie den Einsatzgruppen. Um den völkerrechts- und sittenwidrigen Charakter dieses Befehls zu bemänteln, suchte man nach einer ideologischen Begründung, die dem konservativen, antikommunistischen Denken der Truppenführung entgegenkam.

»Im Kampf gegen den Bolschewismus ist mit einem Verhalten des Feindes nach den Grundsätzen der Menschlichkeit oder des Völkerrechts *nicht* zu rechnen. Insbesondere ist von den *politischen Kommissaren aller Art* als den eigentlichen Trägern des Widerstandes eine haßerfüllte, grausame und unmenschliche Behandlung unserer Gefangenen zu erwarten. Die Truppe muß sich bewußt sein:

1. In diesem Kampf ist Schonung und völkerrechtliche Rücksichtnahme diesen Elementen gegenüber falsch. Sie sind eine Gefahr für die eigene Sicherheit und die schnelle Befriedung der eroberten Gebiete.
2. Die Urheber barbarisch asiatischer Kampfmethoden sind die politischen Kommissare. Gegen diese muß daher *sofort* und ohne weiteres mit aller Schärfe vorgegangen werden. Sie sind daher, wenn im *Kampf* oder *Widerstand* ergriffen, grundsätzlich sofort mit der Waffe zu erledigen.«

Dem Charakter dieses Befehls entsprechend gingen schriftliche Ausfertigungen nur bis zu den Armeeführern, die sie mündlich an die Truppe weiterzugeben hatten.

Hitler mit dem Chef des Oberkommandos der Wehrmacht, Generalfeldmarschall Keitel. Seit seiner Ernennung im Februar 1938 war die Wehrmacht weitgehend zu Hitlers Werkzeug geworden.

Die Verteilung dieser Richtlinien erfolgte am 8. Juni durch den Oberbefehlshaber des Heeres, Generalfeldmarschall von Brauchitsch, der ihnen ein Begleitschreiben beifügte, das zwei Hinweise für die Ausführung des Befehls enthielt:

1. Das Vorgehen gegen einen politischen Kommissar hat dessen besondere erkennbare Handlung und Haltung gegen deutsche Wehrmacht zur Voraussetzung;
2. die »Erledigung« der politischen Kommissare bei der Truppe sollte »außerhalb der eigentlichen Kampfzone unauffällig auf Befehl eines Offiziers erfolgen«.

Nach Verteilung dieser Richtlinien trug Admiral Canaris dem Chef des OKW die teils völkerrechtlichen, teils taktischen Bedenken der Militärs vor. Hitler lehnte jedoch nach einem Vermerk Jodls jede Änderung der bisher ergangenen Befehle ab.
Nach dem Krieg wurde im OKW-Prozeß in Nürnberg die Frage untersucht, ob und inwieweit dieser Befehl von den Truppenführern auch wirklich ausgeführt wurde. Obwohl die Angeklagten dies heftig abstritten, kann aufgrund der erhalten gebliebenen Dokumente und Meldungen als sicher gelten, daß der Befehl – bis auf wenige Ausnahmen – an der Ostfront mit letzter Konsequenz befolgt wurde. Um die Truppe in diesem Sinne zu motivieren, startete die Wehrmachtspropaganda eine antisemitische und antibolschewistische Hetzkampagne, die die Durchführung des Kommissarbefehls gewährleisten sollte.
Erst im Mai 1942 kam es zu einer »versuchsweisen« Aufhebung des Befehls, um die Neigung der Russen zum Überlaufen zu erhöhen. Trotzdem wurde die Verfolgung politischer Kommissare nicht eingestellt, sondern aufgrund von Anordnungen über die Behandlung von sowjetischen Kriegsgefangenen und der Einsatzbefehle Nr. 8, 9 und 14 des Chefs der Sicherheitspolizei und des SD fortgesetzt, die – nach Vereinbarung mit dem OKW – festlegten, daß die Aussonderungen in den Kriegsgefangenenlagern der Wehrmacht von Einsatzkommandos der Sipo und des SD in einer Stärke von »SS-Führer und 4 – 6 Mann« vorgenommen werden sollten. Die Exekutionen hatten dann unauffällig in dem nächstgelegenen Konzentrationslager durchgeführt zu werden.
Wie sehr die Wehrmacht inzwischen gleichgeschaltet war, zeigt ein Befehl der Abteilung Kriegsgefangene im OKW, von Generalleutnant Hermann Reinecke, einem entschiedenen Gefolgsmann Hitlers, gezeichnet, der die Mitarbeit der Wehrmacht bei der Säuberung der Kriegsgefangenenlager sichern sollte. Darin heißt es:

Generalleutnant Hermann Reinecke. Als Chef des Kriegsgefangenenwesens im OKW war er maßgeblich für die unmenschliche Behandlung sowjetischer Kriegsgefangener verantwortlich, von denen drei Millionen in deutschen Lagern ums Leben kamen.

»Die Wehrmacht muß sich umgehend von allen denjenigen Elementen unter den Kriegsgefangenen befreien, die als bolschewistische Triebkräfte anzusehen sind. Die besondere Lage des Ostfeldzuges verlangt daher besondere Maßnahmen, die frei von bürokratischen und verwaltungsmäßigen Einflüssen verantwortungsfreudig durchgeführt werden müssen. Während den bisherigen Vorschriften und Befehlen des Kriegsgefangenenwesens ausschließlich militärische Überlegungen zugrunde lagen, muß nun der politische Zweck erreicht werden, das Deutsche Volk vor bolschewistischen Hetzern zu schützen und das besetzte Gebiet alsbald fest in die Hand zu nehmen.«

Ferner ordnete dieser Erlaß an, jede Nachsicht gegenüber den Kriegsgefangenen »strengstens« zu »ahnden«. Und: »Der Waffengebrauch gegenüber sowjetischen Kriegsgefangenen gilt in der Regel als rechtmäßig.« Hinsichtlich der Aussonderungen durch die Einsatzkommandos wurde den

Kommandanten und deren Abwehroffizieren, »engste Zusammenarbeit mit den Einsatzkommandos zur Pflicht gemacht«.

Admiral Canaris nahm diesen Erlaß zum Anlaß für eine grundsätzliche Auseinandersetzung mit der Kriegsgefangenenbehandlung, die er in einer Denkschrift an den Chef des OKW zum Ausdruck brachte. Keitel vermerkte handschriftlich hierauf:

»Diese Bedenken entsprechen den soldatischen Auffassungen vom ritterlichen Krieg. Hier handelt es sich um die Vernichtung einer Weltanschauung, deshalb billige ich die Maßnahme und decke sie.«

Daß es sich bei all diesen OKW- und OKH-Erlassen nicht um verbale Ergebenheitsakte handelte, die in der Praxis aber unterlaufen wurden, dokumentiert nichts schrecklicher als die Bilanz dieses Massenmordens. Ausgehend von den Zahlen, die im Zusammenhang mit der Tätigkeit der Einsatzgruppen bereits genannt wurden, dürfte mindestens jeder zehnte sowjetische Kriegsgefangene den Erschießungen der Einsatzkommandos zum Opfer gefallen sein – mit tatkräftiger Unterstützung der deutschen Wehrmacht, die sich im übrigen auch direkt an Massenerschießungen beteiligte. So gab es eine Weisung, geflohene Kriegsgefangene und Soldaten, die sich der Gefangennahme entzogen hatten, unter bestimmten Umständen als »Freischärler« zu erschießen.

Diese oft als »Partisanenbekämpfung« getarnten Aktionen dürften eine fünf- bis sechsstellige Zahl an Opfern gefordert haben.

Weiterhin zu nennen ist eine Anordnung Reineckes vom 22. November 1941, in der für den gesamten OKW-Bereich verfügt wurde, daß wiederergriffene sowjetische Gefangene grundsätzlich »der nächstgelegenen Dienststelle der geheimen Staatspolizei« zur Liquidierung zu übergeben seien.

Doch mit solchen willkürlichen Erschießungen war das Leid der russischen Kriegsgefangenen nicht erschöpft. Als

Angehörige »minderwertiger Rassen« wurden sie auf Weisung des Reichssicherheitshauptamtes in den Wehrmachtslagern so ungenügend versorgt, daß sie verhungerten oder an Entkräftung und Krankheiten starben. Insgesamt kamen mehr als drei Millionen – jeder zweite russische Gefangene – in deutschen Lagern ums Leben. Ihre Behandlung, die ihren Tod als erwünscht einplante, und die widerrechtlichen Erschießungen stellten einen eklatanten Bruch des Völkerrechts dar, zu dessen Einhaltung die Regierung der UdSSR sich ihrerseits verpflichten wollte. Über die schwedische Regierung hatte sie dem Deutschen Reich offiziell mitgeteilt, sie fühle sich an die Kriegsregeln der Haager Landkriegsordnung gebunden – allerdings auf Gegenseitigkeit. Die Note blieb von deutscher Seite unbeantwortet, denn im Zeichen eines rassisch begründeten Vernichtungskrieges waren längst alle bis dahin gültigen Kriegsregeln null und nichtig geworden.

Ebenso intensiv wie bei der Liquidierung der Kriegsgefangenen gestaltete sich das Verhältnis zwischen Wehrmacht und Einsatzgruppen, was die Massenerschießungen der jüdischen Zivilbevölkerung anging.
So äußerte sich der Führer der Einsatzgruppe D, Rasch, Anfang November 1941 in den lobendsten Tönen über die Zusammenarbeit mit der Wehrmacht, speziell mit dem Generalfeldmarschall von Reichenau:

»Was nun die Beziehungen der Einsatzgruppe und ihrer Kommandos zu anderen Dienststellen anbelangt, so verdient das Verhältnis zur Wehrmacht besondere Beachtung. Es ist der Einsatzgruppe gelungen, zu sämtlichen Wehrmachtsdienststellen vom ersten Tage an ein ganz ausgezeichnetes Einvernehmen herzustellen. In sehr zahlreichen Fällen ist es sogar vorgekommen, daß von der kämpfenden Truppe die Unterstützung der Einsatzkommandos angefordert wurde. Bei jeder größeren militärischen Aktion befanden sich stets auch Vorausabteilungen der Einsatzgruppe, die mit der kämpfenden Truppe in die neueroberten Orte eingerückt ist. Es ist hierbei in allen Fällen größtmögliche Unterstützung gewährt worden. Erwähnenswert ist z.B. in dieser Beziehung die Unterstüt-

Wehrmacht

Hauptmann der Infanterie in Felduniform

Die Wehrmachtsuniform hob sich von derjenigen der Waffen-SS vor allem durch folgende Merkmale ab: geschlossener, dunkelgrüner Kragen und Hoheitszeichen über der rechten Brusttasche. Die Waffengattung war an der Grundfarbe der Schulterstücke abzulesen, die bei dem abgebildeten Infanterieoffizier weiß sind. Die Silbertressen mit den goldenen Sternen geben den Dienstrang an.

◀ Russische Kriegsgefangene 1941. Unzureichend untergebracht und versorgt kam in den Lagern der Wehrmacht jeder zweite Russe ums Leben.

zung bei der Einnahme von Shitomir, wo unmittelbar hinter den ersten Panzern drei Wagen des Einsatzkommandos 4a in die Stadt einrückten. Die erfolgreiche Arbeit der Einsatzgruppe hat auch dazu geführt, daß die Sicherheitspolizei ein hohes Ansehen vor allem bei den Stäben der Wehrmacht genießt. Die bei den AOKs eingesetzten Verbindungsführer werden in loyalster Weise unterrichtet, und es wird ihnen außerdem weitgehendste Unterstützung zuteil. Der Befehlshaber des AOK 6, Generalfeldmarschall von Reichenau, hat auch wiederholt die Arbeit der Einsatzkommandos in anerkennender Weise gewürdigt und die Interessen des SD seinen Stäben gegenüber in entsprechender Weise vertreten.«

General von Reichenau war es auch, der es – trotz genauester Kenntnis der Vorgänge – für notwendig erachtete, die Truppe erneut auf eine antijüdische, antibolschewistische Gesinnung zu verpflichten und ihre Bereitschaft zur Beteiligung an den Massenmorden zu erhöhen. In seinem Befehl, der als beispielhaft an sämtliche Truppenführer der Ostfront geleitet und von ihnen im gleichen oder ähnlichen Wortlaut übernommen wurde – von den Befehlshabern der Armeeoberkommando 11 und 17, Manstein und Hoth, noch am selben Tag –, heißt es:

»Hinsichtlich des Verhalten der Truppe gegenüber dem bolschewistischen System bestehen vielfach noch unklare Vorstellungen.

Das wesentlichste Ziel des Feldzuges gegen das jüdisch-bolschewistische System ist die völlige Zerschlagung der Machtmittel und die Ausrottung des asiatischen Einflusses im europäischen Kulturkreis.

Hierdurch entstehen auch für die Truppe Aufgaben, die über das hergebrachte einseitige Soldatentum hinausgehen. Der Soldat ist im Ostraum nicht nur ein Kämpfer nach den Regeln der Kriegskunst, sondern auch Träger einer unerbittlichen völkischen Idee und Rächer für alle Bestialitäten, die deutschen und artverwandten Volkstum zugefügt wurden.

Deshalb muß der Soldat für die Notwendigkeit der harten, aber gerechten Sühne am jüdischen Untermenschen volles Verständnis haben. Sie hat den weiteren Zweck, Erhebungen im Rücken der Wehrmacht, die erfahrungsgemäß stets von Juden angezettelt wurden, im Keime zu ersticken.«

Wie konsequent Reichenau auf die Durchführung seines Befehles drang, belegt die Erschießung von etwa neunzig jüdischen Kindern im Alter von einigen Monaten bis zu sechs Jahren im August 1941 in Bjelaja-Zerkow (Ukraine):
Am 20. August 1941 hatten deutsche Soldaten den Kriegspfarrern des Kriegslazaretts 4/607 Tewes und Wilczek gemeldet, daß in einem Haus in Bjelaja-Zerkow eine größere Anzahl jüdischer Kinder in einem unerträglichen Zustand eingesperrt seien und teilweise schon im Sterben lägen. Die Divisionspfarrer überzeugten sich von der Richtigkeit dieser Angaben und erstatteten am gleichen Tage Meldung bei ihrer Einheit, der 295. Infanteriedivision, mit der Bemerkung, daß der SD beabsichtigte, die Kinder zu erschießen. Hierauf befahl der 1. Generalstabsoffizier Großcurth dem SD, die Exekution der Kinder bis zur Entscheidung des Chefs der 6. Armee, von Reichenau, aufzuschieben, und meldete den Vorfall mit Bitte um Weisung seiner Armee. Der Chef der 6. Armee, von Reichenau, bemerkte zu diesem Bericht, daß dieser besser unterblieben wäre und entschied, »daß die einmal begonnene Aktion in zweckmäßiger Form durchzuführen sei«. Die Kinder, deren Eltern bereits mehrere Tage zuvor getötet worden waren, wurden daraufhin erschossen.
Aber nicht nur der als Nationalsozialist geltende Reichenau stellte sich in dieser Weise in den Dienst von Hitlers Vernichtungspolitik. Auch Heerführer anderer Prägung hatten sich die Ideologie vom Herren- und Untermenschen zu eigen gemacht und liehen ohne moralische Bedenken den Einsatzgruppen ihre volle Mitwirkung – so der als konservativ bezeichnete von Rundtstedt, der angeblich nur in militärischen Kategorien denkende von Manstein und der spätere Widerständler K.H. von Stülpnagel. Auch sie werden in den Ereignismeldungen des SD lobend erwähnt.
Die Zusammenarbeit zwischen Wehrmacht und Einsatzgruppen gestaltete sich in der Praxis auf verschiedenen Ebenen. Nicht nur, daß die Armeebefehlshaber die Kennzeich-

nung und Registrierung aller Juden in ihren Bereichen anordneten und damit wichtige Vorarbeit für die Einsatzgruppen leisteten – sie stellten auch Truppen für das Zusammentreiben der Opfer, die Absperrung des Exekutionsortes und, dies allerdings seltener, für Erschießungen zur Verfügung. Und auch der als Symbol für diese Vernichtungsaktionen in die Geschichte eingegangene Massenmord von Babi-Yar war, nach Aussagen des Einsatzleiters Paul Blobel, in täglichen Besprechungen mit der Wehrmacht vorbereitet worden.

Ein anderer völker- und kriegsrechtlich widriger Befehl, der die Verquickung der Wehrmacht in die nationalsozialistische Unrechtspolitik dokumentiert, ist der sogenannte Nacht- und Nebelerlaß.
Am 7. Dezember 1941 erließ der »Führer und Oberste Befehlshaber der Wehrmacht« (gez.: i. A. Keitel) diese »Richtlinien für die Verfolgung von Straftaten gegen das Reich oder die Besatzungsmacht in den besetzten Gebieten«, denen zufolge Straftaten der nichtdeutschen Zivilbevölkerung nur dann in den besetzten Gebieten abgeurteilt werden sollten, wenn wahrscheinlich Todesurteile ergehen und diese schnellstens vollstreckt würden. »Sonst sind die Täter, mindestens aber der Haupttäter nach Deutschland zu bringen.«
In einem Begleitschreiben vom 12. Dezember 1941 erläutert Keitel diesen Erlaß wie folgt:

»Der Führer ist der Ansicht: Bei solchen Straftaten werden Freiheitsstrafen auch lebenslange Zuchthausstrafen als Zeichen von Schwäche gewertet. Eine wirksame und nachhaltige Abschrekkung ist nur durch Todesstrafen oder durch Maßnahmen zu erreichen, die die Angehörigen und die Bevölkerung über das Schicksal im Ungewissen halten. Diesem Zweck dient die Überführung nach Deutschland.«

Das Reichssicherheitshauptamt wurde von der Abwehrstelle der Wehrmacht über die nach Deutschland ver-

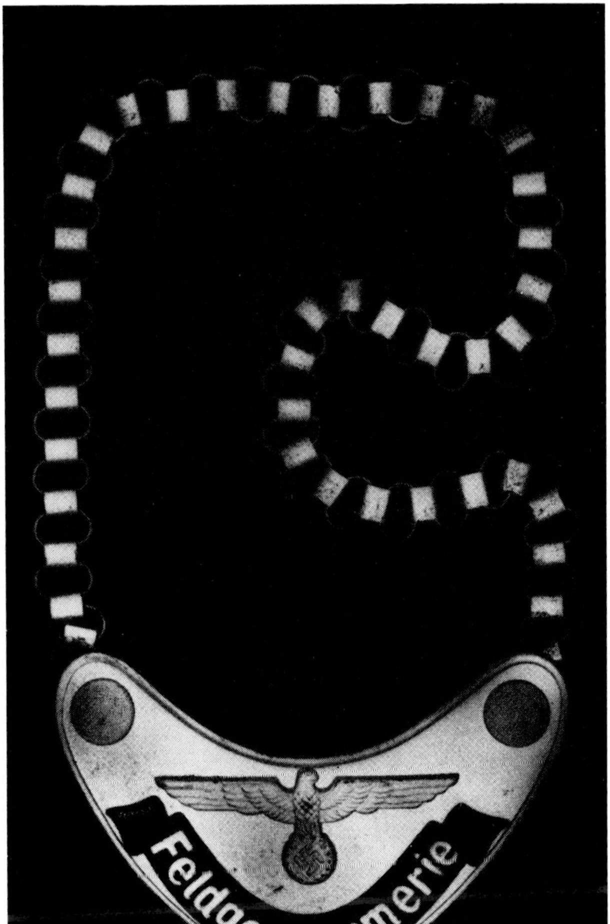

Kette der Feldgendarmerie, die ihren Trägern den Namen »Kettenhunde« einbrachte. Diese der Wehrmacht eingegliederte Polizeitruppe wurde in den besetzten Gebieten nur allzu oft zur Durchführung völker- und kriegsrechtswidriger Maßnahmen eingesetzt: bei Geiselnahmen beispielsweise sowie bei willkürlichen Verhaftungen und Erschießungen politisch oder rassisch unerwünschter Personen.

schleppten Häftlinge informiert, die daraufhin von den Stapostellen übernommen und ins Konzentrationslager (NN-Häftlinge) gebracht wurden. Über ihr Schicksal war gegenüber ihren Angehörigen absolute Geheimhaltung angeordnet. Die Zahl dieser NN-Häftlinge wird auf etwa 7000 geschätzt, von denen etwa 5000 aus Frankreich kamen.

DIE KANZLEI DES FÜHRERS

Die Kanzlei des Führers war von Hitler unabhängig von der Partei- und der Reichskanzlei als Privatkanzlei geschaffen worden. Sie hatte alle an Hitler persönlich gerichteten Gesuche und Eingaben wie auch seine Privatangelegenheiten zu bearbeiten. Dieses anfänglich nur kleine Amt hatte sich bis zum Jahre 1938 zu einem aus fünf Hauptämtern bestehenden Verwaltungsapparat entwickelt, der seinen Sitz in der Reichskanzlei hatte und von dem Reichsleiter Philipp Bouhler geleitet wurde. In unserem Zusammenhang interessiert hier vor allem das Hauptamt II (Angelegenheiten betr. Staat und Partei), dessen Leiter Viktor Brack war. Es gliederte sich in drei Einzelämter, die die Bezeichnungen II b, II c, und II d führten. Die Bezeichnung II a war Werner Blankenburg, dem ständigen Vertreter des Leiters des Hauptamtes Albert Bormann (Bruder von Martin Bormann) vorbehalten, der jedoch kein eigenes Sachgebiet bearbeitete.

Das Amt II b, das alle Angelegenheiten aus dem Bereich der Reichsministerien mit Ausnahme der Wehrmacht, Polizei und des SD bearbeitete, war zugleich für die Gesuche um Gewährung des »Gnadentodes« zuständig. Im Laufe der Zeit entwickelte sich dieses Amt zur Zentrale für die »Euthanasie«, das heißt für jene Maßnahmen, die die »Vernichtung lebensunwerten Lebens« zum Ziel hatten.

Das Wort »Euthanasie« stammt aus dem Griechischen und bedeutet schöner Tod oder leichtes Sterben. Man versteht darunter Sterbehilfe zur Abkürzung des Todeskampfes bei unheilbaren, zum Tode führenden Erkrankungen. Sie setzt den Wunsch des Sterbenden voraus. Euthanasie, wie sie im Dritten Reich praktiziert wurde, richtete sich jedoch gegen nichtsterbende Menschen. Unter diesem beschönigenden Begriff wurde eine brutale Ausrottungsaktion geführt, mit der die braunen Machthaber ihre wirren Vorstellungen vom gesunden Volkskörper und vom lebensunwerten Leben in die Praxis umzusetzen suchten.

Der Gedanke der Vernichtung lebensunwerten Lebens, der zur nationalsozialistischen Weltanschauung gehört, findet sich schon in Hitlers *Mein Kampf*. Alfred Rosenberg, sogenannter Chefideologe des Nationalsozialismus, konstruierte in seinem *Mythus des XX. Jahrhunderts* weitere theoretische »Begründungen«:

»Aus dem Zwangsglaubenssatz der schrankenlosen Liebe und Gleichheit alles Menschlichen vor Gott einerseits, der Lehre vom demokratischen, rasselosen und von keinem national verwurzelten Ehrgedanken getragenen ›Menschenrecht‹ andererseits, hat sich die europäische Gesellschaft geradezu als Hüterin des Minderwertigen, Kranken, Verkrüppelten, Verbrecherischen und Verfaulten ›entwickelt‹. Die ›Liebe‹ plus Humanität ist zu einer alle Lebensgebote und Lebensformen eines Volkes und Staates zersetzenden Lehre geworden und hat sich dadurch gegen die heute rächende Natur empört. Eine Nation, deren Mittelpunkt Ehre und Pflicht darstellt, würde nicht Faule und Verbrecher erhalten, sondern ausschalten...«

Solchermaßen ideologisch vorbereitet, ging man schließlich daran, das Programm zur Erhaltung der »Volksgesundheit« und zur »Sicherung des deutschen Volkstums« in die Praxis umzusetzen, und zwar bei der sogenannten Kinderaktion, der »Aktion T 4« und der Aktion »Sonderbehandlung 14 f 13«.

Die Kinderaktion

Der längst gehegte Plan, das Problem der Geisteskranken »radikal zu lösen«, trat durch den sogenannten »Fall Kind

Knauer« in ein akutes Stadium. Die Großmutter dieses mißgebildeten und geistig behinderten Kindes hatte bei der Kanzlei des Führers Ende 1938 ein Gesuch um Gewährung des Gnadentodes eingereicht. Hitler, der sich für diesen Fall so sehr interessierte, daß er seinen Leibarzt Dr. Brandt in die Universitätsklinik Leipzig schickte, genehmigte die Einschläferung und nahm diesen Fall zum Anlaß, die Tötung unheilbarer Kranker, besonders unheilbar kranker Kinder, einzuleiten. Er ermächtigte Reichsleiter Bouhler und Dr. Brandt mündlich, in solchen Fällen künftig entsprechend zu verfahren. Gleichzeitig ordnete er an, daß alle Gesuche dieser Art, die etwa an das Reichsinnenministerium oder an die Präsidialkanzlei gerichtet würden, allein von der Kanzlei des Führers zu bearbeiten seien, daß jedoch diese nach außenhin als bearbeitende Behörde nicht in Erscheinung treten dürfe. Zu diesem Zweck wurde eine Tarnbezeichnung erfunden, die dem geplanten Verbrechen einen wissenschaftlichen Anstrich verlieh: »Reichsausschuß zur wissenschaftlichen Erfassung von erb- und anlagebedingten schweren Leiden« (Reichsausschuß).

In dem »streng vertraulichen« Runderlaß des damaligen Reichsministers des Inneren vom 18. August 1939 wurden unter anderem folgende Beschlüsse festgehalten:

»Betr. Meldepflicht für mißgestaltete usw. Neugeborene

(1) Zur Klärung wissenschaftlicher Fragen auf dem Gebiet der angeborenen Mißbildung und der geistigen Unterentwicklung ist eine möglichst frühzeitige Erfassung der einschlägigen Fälle notwendig.

(2) Ich ordne daher an, daß die Hebamme, die bei der Geburt eines Kindes Beistand geleistet hat – auch für den Fall, daß die Beiziehung eines Arztes zu der Entbindung erfolgte – eine Meldung an das für den Geburtsort zuständige Gesundheitsamt nach beifolgendem bei den Gesundheitsämtern vorrätig gehaltenen Formblatt zu erstatten hat, falls das neugeborene Kind verdächtig ist, mit folgenden schweren angeborenen Leiden behaftet zu sein:

1. Idiotie sowie Mongolismus (besonders Fälle, die mit Blindheit und Taubheit verbunden sind)
2. Mikrocephalie,

Philipp Bouhler. Die von ihm geleitete Kanzlei des Führers plante und organisierte Vernichtungsaktionen im Rahmen der sogenannten Euthanasie, denen weit über 100 000 als »lebensunwertes Leben« abgestempelte Menschen zum Opfer fielen.

3. Hydrocephalus schweren bzw. fortschreitenden Grades,
4. Mißbildungen jeder Art, besonders Fehlen von Gliedmaßen, schwere Spaltbildungen des Kopfes und der Wirbelsäule usw.
5. Lähmungen einschl. Littelscher Erkrankung.«

Nur aufgrund dieser Meldebogen urteilten drei vom »Reichsausschuß« bestellte Gutachter über Tod und Leben des Kindes. Erteilten sie übereinstimmend das Zeichen +, unterschrieb Bouhler eine »Ermächtigungsurkunde«, mit der das Kind zur »Behandlung« in eine der eigens eingerichteten »Kinderfachabteilungen« an verschiedenen Krankenanstalten überwiesen wurde – zur Ermordung. Eltern, die sich weigerten, diesen Maßnahmen zuzustimmen, konnte auf Grund eines weiteren Erlasses das Sorgerecht entzogen werden. Die Tötung wurde nach Aussagen des Leiters der

»Kinderfachabteilung« Kaufbeuren durch Medikamente, Luminol-Veronol und Morphium-Scopolamin, vorgenommen.
Die ganze Aktion lief als »geheime Reichssache«. Im August 1941 wurde sie auf die Tötung von Jugendlichen bis zu sechzehn Jahren ausgedehnt. Um den wahren Zweck der Aktionen so weit als irgend möglich zu tarnen und die Einwilligung der Eltern leichter zu erringen, ging man dazu über, die Abteilungen, wo die Kinder getötet wurden, als Heilerziehungsanstalten zu bezeichnen. Den Angehörigen wurde dann irgendwann mitgeteilt, daß ihr Kind verstorben sei. Den Auswertungen des »Reichsausschusses« zufolge sind mindestens 5000 Kinder im Rahmen dieser Aktion ermordet worden.
Aber Philipp Bouhler und seine Gehilfen verfügten nicht nur den Tod von kranken Kindern. Man versuchte sich auch einer Personengruppe zu bemächtigen, die von den Maßnahmen zur »Endlösung der Judenfrage« verschont war – der deutsch-jüdischen Mischlinge. So wurde im April 1943 in der Heil- und Pflegeanstalt Hadamar eine Abteilung für minderjährige Kinder aus deutsch-jüdischen Ehen eingerichtet. Grundlage für Erfassung und Einweisung der »Mischlinge« bot ein Erlaß des Innenministers vom 9. März 1943.
Im Zuge dieser Maßnahmen wurden 1943/1944 zwanzig gesunde Deutsch-Juden im Alter von sechs bis zwölf Jahren kurz nach ihrer Einlieferung getötet.

Die »Aktion T 4«

Im Juli 1939 ermächtigte Hitler seinen Reichsleiter Bouhler und Dr. Brandt, auch die Tötung aller geisteskranken Erwachsenen einzuleiten. Die Bezeichnung dieser Aktion »T 4« leitet sich von dem Besprechungsort ab: Tiergartenstr. 4. Die Aktion begann aufgrund eines Runderlasses des Reichsministeriums des Inneren vom 9. Oktober 1939 mit dem Verschicken von Meldebögen. Drei Gruppen waren

künftig zu melden und in angebliche Heil- und Pflegeanstalten einzuweisen: »senile Erkrankungen«, »kriminelle Geisteskranke« und Patienten, die »unter die nationalsozialistische Rassegesetzgebung fielen«.
Wiederum wurden Tarnorganisationen geschaffen, um die beteiligten Dienststellen im dunkeln zu halten.

1. Die »Reichsarbeitsgemeinschaft Heil- und Pflegeanstalten« (RAG): Sie war verantwortlich für das Verschicken der Meldebögen und die Begutachtungen. An ihr war das Hauptamt II der Kanzlei des Führers beteiligt. Ihre Mitglieder legten sich, soweit sie für die RAG nach außen hin in Erscheinung treten mußten, zur Tarnung Decknamen zu. So nannte sich Brack z.B. »Jennerwein«.
2. »Gemeinnützige Stiftung für Anstaltspflege« (kurz Stiftung): Diese Tarnbezeichnung wurde benutzt, wenn die Aktion als Arbeitgeber z.B. gegenüber den Arbeitsämtern, den Versicherungsanstalten, dem Personal der »Stiftung« usw. auftreten mußte.
3. »Gemeinnützige Kranken-Transport GmbH« (Gekrat): Sie setzte sich aus den auf die Tötungsanstalten verteilten Kraftfahrstaffeln zusammen. Sie wurde nach den Vorschriften des GmbH-Gesetzes als Scheingesellschaft in das Handelsregister beim Amtsgericht Berlin eingetragen.

Auch die Tötungsanstalten, die für die Mordaktion vorgesehen waren, erhielten Tarnbezeichnungen, die bei Ferngesprächen und im Schriftwechsel verwendet werden mußten: Grafeneck (A) – Brandenburg (B) – Bernburg (Be) – Hartheim (C) – Sonnenstein (D) – Hadamar (E).
Die ersten Massentötungen begannen im Januar 1940 in Hartheim, Anfang Februar 1940 in Brandenburg und Grafeneck und im April 1940 in Sonnenstein. Sie wurden durch Vergasung mit CO-Gas durchgeführt (Kohlenoxydgas). Die bekannteste und berüchtigste Anstalt war Hadamar.

Dort wurden die Tötungen in einem etwa achtundzwanzig Quadratmeter großen Kellerraum in einem Seitenflügel durchgeführt, der – wie später die Gaskammern in den Konzentrationslagern – als Duschraum getarnt war. Das Fenster dieses Kellers war zugemauert und die beiden Seitentüren durch Einsetzen von Doppeltüren, wie sie bei Luftschutzräumen gebräuchlich waren, gasdicht verschlossen. In etwa halber Höhe der Wände befanden sich Rohre mit kleinen Löchern, die durch die Mauer in einen Nebenraum führten, wo sie an die das Kohlenoxydgas enthaltenden Stahlflaschen angeschlossen waren. Durch ein Fenster in der Türe zum Nebenraum konnte der Arzt die Vergasungen beobachten. In einem ehemaligen großen Kohlenkeller wurden die Leichen verbrannt. Über einer in der Mitte des Raumes ausgehobenen betonierten Vertiefung war zu diesem Zweck ein doppelter, fahrbarer Krematoriumsofen aufgestellt.
Die Einrichtungen der anderen Anstalten unterschieden sich nicht wesentlich von dieser Anlage in Hadamar.
Sehr bald wurden die Massentötungen der Aktion T 4 gerüchteweise in der Umgebung der Anstalten bekannt. Zudem regte sich infolge der Häufung der Todesfälle und der Gleichförmigkeit der Todesnachrichten bei den betroffenen Familien erhebliches Mißtrauen, das zu einer Beunruhigung der Bevölkerung führte. Es kam zu offiziellen Protesten von kirchlicher Seite an den Reichsjustizminister, die Reichskanzlei, den Reichsminister des Inneren und andere hohe Staats- und Parteidienststellen. Aus der Reihe dieser Proteste seien als Beispiele hervorgehoben:
1. Die Denkschrift des Pastors Braune vom 9.7.1940 an den Reichsminister der Justiz, den Reichsminister des Inneren und die Reichskanzlei. Pastor Braune war der Leiter der Hoffnungstaler Anstalten und Vizepräsident des Zentralausschusses für die Innere Mission der Deutschen Evangelischen Kirche.
2. Die Schreiben des Landesbischofs Wurm vom 19.7.1940 an den Reichsminister der Justiz und den Reichsminister

des Inneren, vom 23.8.1940 und 5.9.1940 an den Reichsminister des Inneren und vom 9.6.1940 an den Reichsminister der Justiz.

3. Die Schreiben des Freiburger Erzbischofs Conrad, vom 1.8.1940, 1.10.1940, 8.11.1940 und 14.8.1941 an den Reichsminister der Justiz.

4. Die Schreiben des Vorsitzenden der Fuldaer Bischofskonferenz, Erzbischof Bertram, vom 11.8.1940 an die Reichskanzlei und vom 16.8.1940 an den Reichsminister der Justiz.

5. Das Schreiben des Erzbischofs von München-Freising Kardinal Faulhaber, vom 6.11.1940 an den Reichsminister der Justiz.

Die Aktion »Sonderbehandlung 14 f 13«

Im Sommer 1941 wurde auf Anregung Himmlers die Aktion T 4 auch auf KZ-Häftlinge ausgedehnt. Diese neuen Maßnahmen erhielten nach einem Aktenzeichen des Inspekteurs der Konzentrationslager vom Reichsführer SS die Tarnbezeichnung »Sonderbehandlung« oder »Geheime Reichssache 14 f 13«. An der »Aktion T 4« beteiligte Ärzte wurden in die Konzentrationslager geschickt, wo sie Häftlinge für die Tötung in Heilanstalten auszusuchen hatten. So wurden beispielsweise in der Zeit vom Dezember 1941 bis Februar 1942 aus Dachau insgesamt 2400 Häftlinge vor allem nach Hartheim bei Linz verlegt und dort vergast.

Die eigentliche »Aktion T 4« lief bis zum 24. August 1941. An diesem Tage wurden die Massentötungen von Heilanstaltsinsassen auf Befehl Hitlers eingestellt – möglicherweise aufgrund der wachsenden Unruhe in der Bevölkerung, die nicht zuletzt durch eine Predigt des Bischofs von Münster, Kardinal Graf Galen, gehalten am 3. August in der St. Lamberti-Kirche, neue Nahrung erhielt. Darin hatte Galen die Tötungen als Mord angeprangert und vom vergeblichen Kampf der Kirche gegen diese Aktionen berichtet. Nicht eingestellt wurden jedoch die Tötungen im Rahmen der

»Sonderbehandlung 14 f 13«. Nach wie vor brachte man Häftlinge in die Anstalten, wo sie als »lebensunwertes Leben« vernichtet wurden. Die Zuordnung in diese Gruppe handhabten die zuständigen Stellen immer dehnbarer, so daß schließlich auch politisch unbequeme und rassisch unerwünschte Häftlinge im Rahmen dieser Sonderaktion umgebracht wurden.

Die Gesamtzahl der durch die »Aktion T 4« und die »Sonderbehandlung 14 f 13« bis zum Ende des Jahres 1941 ermordeten Menschen erreichte mindestens 100 000, wobei die weiteren Opfer unter den KZ-Insassen, die die Aktion 14 f 13 bis zum Kriegsende noch forderte, nicht berücksichtigt sind. Allein die letzte Aktion dürfte zumindest 20000 Menschenleben gekostet haben.

Die Methoden der Vernichtungsanstalten standen Modell für die Vernichtungslager: sowohl Vergasungsanlagen wie auch das »eingearbeitete« Personal wurden – wie gesagt – übernommen. Eines jedoch änderten die Mörder in Berlin: Um nicht noch einmal durch Unruhe und Kritik der Bevölkerung bei ihrem Verbrechen gestört zu werden, verlegten sie die neuen Schauplätze der Massenmorde in die weniger besiedelten Gebiete im Osten.

DAS REICHSJUSTIZMINISTERIUM

Erster Justizminister des Dritten Reiches war Dr. Franz Gürtner, ein konservativer Politiker, den man auch nach dem Ende der Koalition zwischen NSDAP und Deutschnationaler Partei auf diesem Posten beließ, um den Schein der legalen Anknüpfung an die Weimarer Republik zu wahren. Er blieb bis zu seinem Tod, im Januar 1941, im Amt. Bis August 1942 nahm der Staatssekretär Schlegelberger die Geschäfte des Reichsjustizministers wahr, ihm folgte schließlich der Führer des NS-Rechtswahrerbundes Otto Thierack.

Reichsjustizminister Otto Thierack und Roland Freisler, der Präsident des Volksgerichtshofes. Beide gehörten zu jenen Juristen, die skrupellos und bedenkenlos das Recht im Interesse des Nationalsozialismus beugten.

Die Tagebuchaufzeichnungen des parteilosen Dr. Gürtner, die heute im Staatsarchiv Nürnberg liegen, zeigen nicht nur, wie vorsichtig er taktieren mußte, sondern auch, wie er dem sich immer offener abzeichnenden Unrechtsstaat zunehmend machtloser gegenüberstand. So erhielt er erst im Juli 1940 durch einen Bericht des Generalstaatsanwalts in Stuttgart sowie durch verschiedene private Eingaben Kenntnis von der Euthanasie-Aktion »T 4«. Wenige Tage später, am 24. Juli schrieb er an Lammers, den Leiter der Reichskanzlei:

»...Wie Sie mir gestern mitgeteilt haben, hat der Führer es abgelehnt, ein Gesetz zu erlassen. Daraus ergibt sich nach meiner Überzeugung die Notwendigkeit, die heimliche Tötung von Geisteskranken sofort einzustellen...«

Aber dieser Brief blieb ebenso wirkungslos wie spätere Besprechungen in der Reichskanzlei. Der Reichjustizminister war entmachtet, die Zuständigkeit über seinen Kopf hinweg auf Philipp Bouhler übertragen worden.
Anders als Gürtner wirkten seine Nachfolger aktiv an den Vernichtungsmaßnahmen mit. So traf Thierack am 18. September 1942 eine Vereinbarung mit Himmler, die die Überstellung von Justizhäftlingen in Konzentrationslager und deren »Sonderbehandlung«, das heißt ihre Tötung, vorsah, um »nicht genügende Justizurteile« zu »korrigieren«. Wie das Schwurgericht Wiesbaden 1952 in einem Verfahren gegen Angehörige des Reichsjustizministeriums eindeutig feststellte, waren von dieser Vereinbarung zumindest die als asozial eingestuften Gefangenen betroffen. Kein Zweifel besteht auch daran, daß dieser Plan teilweise durchgeführt wurde und eine heute nicht mehr feststellbare Zahl von Strafgefangenen das Leben kostete.
Ebenso beteiligte sich das Reichsjustizministerium unter Thierack an der Durchführung des »Nacht- und Nebel-Erlasses«. Auf sein Konto geht sogar eine entscheidende Verschärfung der Verfahren. Hinsichtlich von Angeklagten, die freigesprochen oder gegen die das Verfahren eingestellt worden war, sowie von Gefangenen, die ihre Strafe verbüßt hatten, wurde am 21. Januar 1944 verfügt:

»Stellt sich im NN-Verfahren vor der Hauptverhandlung heraus, daß ein Beschuldigter unschuldig oder nicht hinreichend verdächtig ist, so ist er der Geheimen Staatspolizei zu übergeben... Beschuldigte, gegen die in der Hauptverhandlung auf Freisprechung oder Einstellung des Verfahrens erkannt worden ist, oder die während des Krieges eine Strafe voll verbüßt haben, sind der Geheimen Staatspolizei zur Verwahrung auf Kriegsdauer zu übergeben...«

Ebenso schreckte Thierack nicht davor zurück, das Recht immer da zu beugen, wo es sich um von der nationalsozialistischen Ideologie als minderwertig deklarierte Menschen handelte. Diese Entwicklung der Justiz zum Handlanger nationalsozialistischer Verbrechen spiegelt sich besonders deutlich in einem Brief Thieracks vom 13. Januar 1942 an Martin Bormann wieder, in dem es heißt:

»Unter dem Gedanken der Befreiung des deutschen Volkskörpers von Polen, Russen, Juden und Zigeunern und unter dem Gedanken der Freimachung der zum Reich gekommenen Ostgebiete als Siedlungsland für das deutsche Volkstum beabsichtige ich, die Strafverfolgung gegen Polen, Russen, Juden und Zigeuner dem Reichsführer SS zu überlassen. Ich gehe hierbei davon aus, daß die Justiz nur im kleinen Umfange dazu beitragen kann, Angehörige dieses Volksstamms auszurotten. Zweifellos fällt die Justiz jetzt sehr harte Urteile gegen solche Personen, aber das reicht nicht aus, um wesentlich zur Durchführung des oben angeführten Gedankens beizutragen... Dagegen glaube ich, daß durch die Auslieferung solcher Personen an die Polizei, die sodann frei von gesetzlichen Straftatbeständen ihre Maßnahmen treffen kann, wesentlich bessere Ergebnisse erzielt werden... Der Reichsführer, mit dem ich diese Gedanken besprochen habe, stimmt ihnen zu. Herrn Dr. Lammers habe ich ebenfalls unterrichtet.
Ich trage das Ihnen, sehr verehrter Herr Reichsleiter, vor mit der Bitte, mich wissen zu lassen, ob der Führer diese Auffassung billigt...«

Diesem Brief folgte bereits am 22. Oktober 1942 unter »geheim« die Weisung an die Generalstaatsanwälte, Juden und Zigeuner – Männer wie Frauen – dem Reichsführer SS auszuliefern.
Wenn von den Vollstreckern nationalsozialistischen Justizterrors die Rede ist, darf ein Name nicht ungenannt bleiben: Roland Freisler, der als »Blutrichter« gefürchtete Präsident des Volksgerichtshofes, dessen Verfahren am deutlichsten die Pervertierung der Justiz im Dritten Reich widerspiegelten. Bevor er 1942 den Vorsitz des Volksgerichtshofes übernahm, war er Staatssekretär im Reichsjustizministerium gewesen und wirkte in dieser Eigenschaft an zwei Vernichtungsaktionen mit. Im August 1940 unterrichtete er die Generalstaatsanwälte, in deren Zuständigkeitsbereich die Tötungsanstalten lagen, über die »Aktion T 4«, und als Vertreter des Reichsjustizministeriums auf der berüchtigten

Wannseekonferenz arbeitete er die Pläne für die »Endlösung der Judenfrage« mit aus.

DAS AUSWÄRTIGE AMT

Albert Speer, Hitlers ehemaliger Rüstungsminister, schreibt in seinen *Erinnerungen*, Hitler habe einmal zu Goebbels über seinen Außenminister Ribbentrop gesagt:

»Sie schätzen Ribbentrop ganz falsch ein. Er ist einer der größten Männer, die wir haben, und die Geschichte wird ihn einmal über Bismarck stellen. Er ist größer als Bismarck.«

Was Hitler jedoch als »Größe« bezeichnete, war Abhängigkeit, unbedingte Gefolgstreue, Gleichschaltung des Auswärtigen Amtes – Joachim von Ribbentrop war für den deutschen Diktator ein überaus brauchbarer Mann.
Dies erkannten bereits seine Zeitgenossen, und so charakterisierte beispielsweise der Chefdolmetscher des Dritten Reichs Schmidt den damaligen Außenminister.

»... ich bin niemals auf den Gedanken gekommen, ihn etwa als einen Staatsmann oder einen Außenminister anzusehen. Vor dem Nürnberger Internationalen Gericht hat er sich selbst als außenpolitischen Sekretär Hitlers bezeichnet und ist damit der Wahrheit meinen Beobachtungen nach recht nahe gekommen. Zu Hitler stand er in einem ausgesprochenen Hörigkeitsverhältnis. War dieser mit ihm unzufrieden, so wurde Ribbentrop krank und legte sich ins Bett wie eine hysterische Frau. Er war eben tatsächlich nichts weiter als die Stimme seines Herrn und erschien daher vielen als gefährlicher Narr.«

Joachim von Ribbentrop, von Beruf Außenhandelskaufmann und im Ersten Weltkrieg Offizier, war 1932 in die NSDAP und die SS eingetreten. Seit 1933 außenpolitischer Ratgeber Hitlers löste er 1937 den konservativen Konstantin von Neurath als Reichsaußenminister ab. In Nürnberg wurde er als Kriegsverbrecher zum Tode verurteilt und am 16. Oktober 1946 hingerichtet.

Joachim von Ribbentrop. Der Reichsaußenminister war ein unbedingter Gefolgsmann Hitlers und setzte alles daran, sein Amt in den Dienst des Nationalsozialismus zu stellen. Er schreckte auch nicht davor zurück, seine Beamten in den besetzten Ländern aktiv an den Maßnahmen zur »Endlösung der Judenfrage« zu beteiligen.

Unter Ribbentrops Leitung hatte sich das Auswärtige Amt, durch die Abteilung D III, an der Verfolgung und Vernichtung der Juden beteiligt. Erstmals trat das Auswärtige Amt im Juli 1940 bei dem sogenannten Madagaskar-Plan in Erscheinung, der die Deportierung aller Juden Europas auf die zu Frankreich gehörende Insel vorsah. Die Vorarbeiten hierzu sollten nach Absprache mit dem Reichsführer SS vom AA vorgenommen werden, denn Voraussetzung war die Abtretung der Insel seitens der Franzosen. Der Plan wurde jedoch durch den nicht zustande gekommenen Friedensvertrag mit Frankreich und den Krieg im Osten überholt. Bestehen blieb die Weisung Ribbentrops, die Evakuierung der Juden im engsten Einvernehmen mit dem Reichssicherheitshauptamt zu betreiben, und auf der Wannseekonferenz wurde seinem Unterstaatssekretär Luther zugesagt, daß bei der Endlösung alle das Ausland betreffenden Fragen mit dem Auswärtigen Amt abgestimmt werden müßten.

Daß es sich hierbei nicht um die bloße Deportierung, sondern um die physische Ausrottung handeln würde, dürfte dem Auswärtigen Amt aus den »Ereignismeldungen« und den »Meldungen aus den besetzten Ostgebieten«, die der Abteilung D III als geheime Reichssache in einer Ausfertigung zugingen, bekannt gewesen sein. Trotzdem konnte das RSHA bei der Deportation von Juden aus von Deutschland besetzten oder abhängigen Ländern auf die volle Unterstützung des Auswärtigen Amtes zählen: nichts geschah ohne dessen Wissen und Unterstützung. Und überall dort, wo von den einheimischen Behörden oder Regierungen der deutschen Judenpolitik Passivität oder gar Widerstand entgegen gesetzt wurde, versuchte das Auswärtige Amt verstärkten Druck auszuüben, so beispielsweise gegenüber Italien, das sich in seinem Lande wie auch in den von ihm besetzten Gebieten Frankreichs, Griechenlands, Rumäniens und Kroatiens den deutschen Bestrebungen widersetzte. Das Auswärtige Amt ging sogar so weit, bei Mussolini

selbst einen heftigen Vorstoß wegen der nachlässigen Behandlung der Judenmaßnahmen durch die italienischen Behörden zu unternehmen, die jedoch trotz der Zugeständnisse des Duce an ihrer Verfahrensweise nichts änderten.
In anderen Ländern allerdings war das Auswärtige Amt »erfolgreicher«, und so wurde die »Räumung« Europas von Juden maßgeblich durch seine Mithilfe betrieben. Es ergingen nicht nur Weisungen an die deutschen diplomatischen Auslandsvertretungen, die Regierungen der besetzten oder abhängigen Länder – notfalls unter massivem Druck – zu veranlassen, Judengesetze nach deutschem Muster zu erlassen; das Auswärtige Amt setzte sich auch dafür ein, daß die «Lösung der Judenfrage« den deutschen Dienststellen in den besetzten Ländern überlassen wurde. Wie eng die direkte Zusammenarbeit der Deutschlandabteilung des Auswärtigen Amtes mit dem Reichssicherheitshauptamt sein konnte, wobei bisweilen auch die diplomatischen Vertretungen übergangen wurden, zeigt ein beschwerdeführendes Telegramm des Gesandten in Rumänien, von Killinger, der am 27. August 1942 an die Abteilung D III telegraphierte:

»Bemerken möchte ich noch, daß alle Schreiben an den SS-Obersturmbannführer Eichmann über das Auswärtige Amt gegangen sind. Daß natürlich Herr Eichmann es nicht für notwendig gefunden hat, mit dem Auswärtigen Amt Verbindung aufzunehmen, ist mir in keiner Weise verwunderlich, da mir ja die Methoden der Herren der SS zur Genüge bekannt sind. Im übrigen möchte ich bemerken, daß alle Dinge, die ich an Abteilung Deutschland berichte, in kürzester Zeit beim SD landen.«

Über das Schicksal der mit Unterstützung von Ribbentrops Ministerium verfolgten Juden bestanden im AA keine Zweifel. So heißt es in einem Schreiben des RSHA an das Auswärtige Amt vom 20. Mai 1941: »im Hinblick auf die Endlösung ist die Auswanderung von Juden aus Belgien und Frankreich zu verhindern.« Joachim von Ribbentrop wurde somit zum Handlanger Hitlers und Himmlers bei der Ermordung der Juden Europas.

DAS REICHSINNENMINISTERIUM

Das Reichsministerium des Inneren wurde während des Dritten Reiches von zwei Ministern geleitet. Nach der Machtübernahme 1933 übernahm zunächst Wilhelm Frick, der seit 1924 die Reichstagsfraktion der NSDAP geführt hatte, dieses Amt. Seine Kompetenzen wurden allerdings stark beschnitten, als Hitler am 17. Juni 1936 durch Führererlaß Heinrich Himmler zum »Reichsführer SS und Chef der Deutschen Polizei« ernannte und damit die Zuständigkeit für alle Polizeiangelegenheiten in dessen Hände legte. Die nominelle Unterstellung unter das Innenministerium blieb rein formaler Natur, denn es ist kein Fall bekannt, in dem Frick oder sein Ministerium es gewagt hätten, dem Chef der deutschen Polizei oder dem Reichssicherheitshauptamt eine Weisung zu erteilen. Mit Himmlers Ernennung zum Reichsinnenminister ging dann 1943 das Ministerium ganz in den Einflußbereich der SS über.
Aber bereits unter Fricks Leitung hatte es sich im Reichsgebiet – für die besetzten Gebiete war es nicht zuständig – aktiv an den Verbrechen des Nationalsozialismus beteiligt. Frick selbst wurde im Nürnberger Hauptkriegsverbrecherprozeß als mitverantwortlich für alle Maßnahmen gegen die Juden verurteilt und hingerichtet.
Auf sein Konto ging beispielsweise die Unterzeichnung des maßgebenden Runderlasses über die Schutzhaft vom 25. Januar 1938, der die generelle Grundlage dafür bot, daß man Juden und andere sogenannte »Volksfeinde« willkürlich, ohne den geringsten oder aus dem nichtigsten Anlaß in ein Konzentrationslager einweisen konnte. In § 1, Absatz 1 heißt es:

»Die Schutzhaft kann als Zwangsmaßnahme der Geheimen Staatspolizei zur Abwehr aller volks- und staatsfeindlichen Bestrebungen gegen Personen angeordnet werden, die durch ihr Verhalten den Bestand und die Sicherheit des Volkes und Staates gefährden.«

Reichsinnenminister Wilhelm Frick.
Seine Kompetenzen waren seit Himmlers Ernennung zum Chef der Deutschen Polizei stark beschnitten, und viele der von ihm unterzeichneten unrechtmäßigen Gesetze und Erlasse gingen auf den Reichsführer SS oder das RSHA zurück.

Spätestens ab Herbst 1941 zielten diese Einweisungen dann auf die physische Vernichtung der Juden ab – in der Regel überlebten sie ihre Einlieferung ins KZ nur um einige Wochen, höchstens Monate.

1943 beteiligte sich das Innenministerium, noch unter Fricks Amtsführung, an einem weiteren eklatanten Rechtsbruch hinsichtlich der Behandlung der Juden. Die am 1. Juli erlassene 13. Verordnung zum Reichsbürgergesetz entzog den deutschen Juden bei strafbaren Handlungen jeglichen Rechtsschutz und Anspruch auf ein ordentliches Gerichtsverfahren. § 1, Absatz 1 dieser Verordnung besagte: »Strafbare Handlungen von Juden werden durch die Polizei geahndet.«

Angeregt worden war diese Verordnung von Himmler und dem Reichsjustizminister Thierack; unterzeichnet wurde sie von Frick, da Himmler kein Zeichnungsrecht auf Mini-

sterebene hatte und die Angelegenheiten der Polizei formal in den Bereich des Innenministeriums fielen.
Wie eng Frick mit Himmler und dem Reichssicherheitshauptamt bei verbrecherischen Maßnahmen zusammenarbeitete, zeigte sich auch bei der Einziehung des Vermögens von deportierten Juden. Die entsprechenden Erlasse ergingen zwar offiziell im Namen des Innenministeriums, stammten jedoch – wie die Aktenzeichen ausweisen – aus dem RSHA, wie beispielsweise der Erlaß des »Reichsministers des Inneren« vom 2. März 1942 – Aktenzeichen RSHA: Pol. S II A 5 – Nr. 367/VII/42-212, in dem »nach dem Gesetz über die Einziehung volks- und staatsfeindlichen Vermögens vom 14.7.1933 ... festgestellt wird, daß die Bestrebungen der in dem anliegenden Verzeichnis aufgeführten Juden volks- und staatsfeindlich gewesen sind«.
Doch nicht nur bei der Verfolgung der Juden, auch bei den Euthanasie-Aktionen hatte das Innenministerium seine Hand im Spiel.
Um die Kranken aus den Anstalten herauszubekommen, brauchten die Organisatoren der Aktionen »Reichsausschuß« und »T 4« von Anfang an die Mitarbeit der zuständigen Beamten des Innenministeriums. Das waren vor allem der Reichsgesundheitsführer und Staatssekretär für das Gesundheitswesen Dr. Conti und der Referent für Bevölkerungspolitik, Erb- und Rassepflege und Irrenwesen MR Dr. Linden, der später auch zum »Reichsbeauftragten für die Heil- und Pflegeanstalten« ernannt wurde. Im August 1939 ergingen mehrere Erlasse des »Reichsministers des Inneren«, in denen die unterstellten Behörden bzw. Heil- und Pflegeanstalten zur Meldung der Kranken und zu deren Verlegung in andere Anstalten aufgefordert und in denen die Einrichtung von sogenannten »Kinderfachabteilungen« angeordnet wurden. Alle diese, letztlich die Tötung der Betroffenen veranlassenden Erlasse sind mit einer Ausnahme von Dr. Linden oder Dr. Conti unterzeichnet worden, die sich damit als Angehörige des Reichsinnenministeriums inten-

siv an der Vernichtung des vom Nationalsozialismus als »lebensunwert« deklarierten Lebens beteiligt haben.

DAS REICHSMINISTERIUM FÜR DIE BESETZTEN OSTGEBIETE

Durch Erlaß Hitlers vom 17. Juni 1941 wurde die Zivilverwaltung in den neu besetzten Ostgebieten, soweit sie nicht in die angrenzenden Gebiete des Reiches und des Generalgouvernements einbezogen wurden, dem »Reichsministerium für die besetzten Ostgebiete« unterstellt, das damit für die beiden Reichskommissariate Ostland und Ukraine, die sich wiederum in Generalkommissariate aufgliederten, zuständig war. Zum Amtschef des neuen Ministeriums wurde der Reichsleiter Alfred Rosenberg bestellt.

Rosenberg, in Nürnberg wegen Verbrechen gegen den Frieden, Kriegsverbrechen und Verbrechen gegen die Menschlichkeit zum Tode verurteilt, galt als der Chefideologe des Nationalsozialismus und als radikaler Vertreter von dessen Rassentheorien. So erklärte er beispielsweise Ende 1941, er halte die Judenfrage nur dann noch für lösbar, wenn das gesamte europäische Judentum »biologisch ausgemerzt« würde; deshalb sei es notwendig, »sie über den Ural zu drängen«.

Solchen Äußerungen entsprachen auch die »Richtlinien für die Behandlung der Judenfrage« in den sogenannten »Arbeitsrichtlinien für die Zivilverwaltung« vom 3. September 1941, in denen Rosenberg bestimmte, alle Maßnahmen hinsichtlich der Juden in den besetzten Ostgebieten müßten unter dem Gesichtspunkt getroffen werden, daß die Judenfrage nach dem Krieg generell für ganz Europa gelöst werde. Sie seien daher als »vorbereitende Teilmaßnahmen anzulegen«. Weiterhin heißt es, daß ein etwaiges Vorgehen der örtlichen Zivilbevölkerung gegen die Juden nicht zu verhindern sei, soweit dies die Aufrechterhaltung von Ruhe und

Ordnung nicht gefährde. Seitens der Zivilverwaltung wurde die Absonderungen der Juden von der übrigen Bevölkerung durchgeführt, wurden besondere Melde- und Kennzeichnungspflichten verfügt, die Freizügigkeit aufgehoben und die Ghettoisierung angeordnet. Verboten war von nun an eine »Vermischung mit der übrigen Bevölkerung«; berufliche, kulturelle und religiöse Betätigungen wurden eingeschränkt, und die Juden konnten jederzeit zur Zwangsarbeit herangezogen werden.

Solche Maßnahmen haben bei der Vorbereitung der systematischen Ausrottung der Juden in den Ostgebieten wichtige Dienste geleistet, da die bereits erfaßten und zusammengetriebenen Juden nur noch abtransportiert zu werden brauchten. Umstritten ist allerdings die Frage, ob Rosenberg und seinem Ministerium die Pläne für eine endgültige physische Vernichtung der Juden bekannt waren oder ob sie noch immer an eine territoriale Lösung, wie zwangsweise Evakuierung nach Rußland, Abschiebung hinter den Ural, glaubten. Die Frage der Mitschuld bleibt dadurch jedoch unberührt, denn daß Rosenberg und sein Ministerium nicht vor einer physischen Vernichtung zurückschreckten, zeigen die sogenannten »Gaskammer«- bzw. »Gasapparate«-Briefe. In diesen Briefen, deren Entwürfe im Dezernat des Referates »Rassen-Bevölkerungspolitik« im Ostministerium verfaßt worden sind, deren Versendung jedoch nicht nachweisbar ist, wurde im Oktober 1941 vorgeschlagen, statt öffentlicher Erschießungen Vergasungen vorzunehmen.

Auch wenn alle Verfahren, die sich nach dem Krieg mit der Tätigkeit des Ostministeriums befaßten, keinen eindeutigen Beweis dafür erbringen konnten, daß Rosenberg und seine Mitarbeiter direkt und aktiv an den Vernichtungsaktionen mitgewirkt haben, so bedeutet das keineswegs eine moralische Entlastung, sondern weist eher auf einen Mangel an Gelegenheit hin. Denn der Chefideologe des Dritten Reichs stand bei Hitler in keinem hohen Ansehen. Im priva-

Alfred Rosenberg.
Der oft als Chefideologe bezeichnete Minister für die besetzten Ostgebiete führte in Wirklichkeit im Kreise von Hitlers Paladinen ein Schattendasein. Selbst in seinem Ministerium blieb sein Einfluß denkbar gering.

ten Kreis nannte er ihn »einen engstirnigen Balten, der furchtbar kompliziert denkt«; er warf ihm »Rückschritt in mittelalterliche Vorstellungen« vor und bezeichnete Rosenbergs Buch, *Mythos des 20. Jahrhunderts*, als »Zeug, das niemand verstehen kann«.

Für die Durchführung einer brutalen, schnell agierenden Eroberungspolitik, für die Organisation eines perfektionierten Massenmordes war der in seinen Ideologien versponnene Rosenberg nicht Hitlers Mann. Deshalb wurden seine Kompetenzen an vielen Stellen beschnitten – so durch die Wehrmachtsbefehlshaber, die laut Führererlaß vom 25. Juni 1941 sogar das Recht hatten, auch im zivilen Bereich Maßnahmen anzuordnen, die zur Durchführung der militärischen Aufgaben notwendig waren. Ihre Anordnungen hatten vor allen anderen Priorität zu haben.

Beschränkt wurde Rosenberg auch durch den Beauftragten für den Vierjahresplan Göring, der gemäß Erlaß des Führers vom 29. Juni 1941 befugt war, alle Maßnahmen zu treffen, die zur höchstmöglichen Ausnutzung der vorgefundenen Vorräte und Wirtschaftskapazitäten sowie zum Ausbau der Wirtschaftskräfte zugunsten der deutschen Kriegswirt-

schaft erforderlich waren. Hier war Göring selbst den Wehrmachtsdienststellen gegenüber unmittelbar weisungsbefugt.
In Rosenbergs Bereich schalteten sich ferner der Reichsführer SS und Chef der deutschen Polizei ein, der durch Führererlaß vom 17. Juli 1941 mit der »polizeilichen Sicherung der neu besetzten Ostgebiete« beauftragt wurde. Dieser Erlaß berechtigte Himmler, Reichskommissaren direkte Weisungen zu erteilen.
Zudem war eine Reihe von Ministerien und Dienststellen daran interessiert, die Kompetenzen Rosenbergs einzuschränken, wie beispielsweise das Ministerium für Ernährung und Landwirtschaft, das Wirtschaftsministerium, das Wehrwirtschafts- und Rüstungsamt des OKW sowie der Generalbevollmächtigte für den Arbeitseinsatz.
Und auch der eifrige Joachim von Ribbentrop war bemüht, seinen Einflußbereich auf Kosten Rosenbergs zu vergrößern. Er vertrat die Auffassung, daß sich Rosenbergs Ministerium auf »Verwaltungsangelegenheiten beschränken und politische Fragen dem Auswärtigen Amt überlassen müsse«. So gelang es ihm, bei den in Rußland einrückenden zivilen Dienststellen diplomatische Vertreter zu ernennen.

DER PERSÖNLICHE STAB DES REICHSFÜHRERS SS

Diese Dienststelle, 1934 aus der Adjutantur des Reichsführers SS hervorgegangen und 1936 in ein Hauptamt der SS umgewandelt, war die Organisation, mit deren Hilfe Himmler nicht nur von allen Dienststellen der Partei, des Reiches, der Wehrmacht, der SS usw. auf außerdienstlichem Weg Informationen erhielt, sondern auch durch interne Wünsche oder »Befehle« deren führende Persönlichkeiten beeinflußte.

Zu dem Amt gehörten unter anderem folgende Hauptabteilungen:

1. »Persönliches Referat Reichsführer SS« mit einem persönlichen Referenten Himmlers.

2. »Sachbearbeiter des Chefs des Persönlichen Stabes Reichsführer SS« unter der Leitung von SS-Gruppenführer Karl Wolff.

3. »SS-Adjutantur«, die den Tagesablauf Himmlers, Besuchertermine, Reisen usw. regelte.

4. »Polizeiadjutantur«, in deren Aufgabenbereich die Informationsübermittlung zwischen den SS-Hauptämtern Sicherheitspolizei und Ordnungspolizei und Himmler in seiner Eigenschaft als »Chef der Deutschen Polizei« fiel.

Zudem gab es noch Ämter für Angelegenheiten, an denen Himmler ein besonders persönliches Interesse hatte, wie beispielsweise das Amt »Wewelsburg«, dem die Ausgestaltung einer Art Ordensburg für die obersten SS-Führer oblag, das Amt »Ahnenerbe« (Forschungen zur germanischen Vorgeschichte), das Amt »Lebensborn« (Entbindungsheime für Frauen von SS-Angehörigen und ledige Mütter, die sich teilweise zu SS-Zuchtanstalten entwickelten), das Amt »Stabsführung«, das die allgemeine Geschäftsleitung des Stabes einschließlich der Verteilung und Abfertigung der ein- und ausgehenden Post versah.

Wichtigstes von diesen Ämtern war das von Karl Wolff geleitete Referat. 1935 zum Chefadjutanten des Reichsführers SS ernannt, war es im wesentlichen Wolffs Aufgabe, Befehle Himmlers an nachgeordnete Dienststellen weiterzugeben, Wünsche und Anregungen an die obersten Dienststellen der Partei, des Staates oder der Wehrmacht heranzutragen und möglichst durchzusetzen, aber auch Himmler über Planungen dieser Stellen zu unterrichten, soweit Interessen der SS oder der Polizei hiervon berührt wurden. Außerdem war der Chefadjutant in besonderem Maße der Vertraute Himmlers, der ihn sein »Wölffchen« nannte, und als solcher auch über die Vernichtungsaktionen gegen die Juden gut unterrichtet.

Wolff war Himmlers Verbindungsführer im Führerhauptquartier. Im Sommer 1942, als der »Vernichtungsbetrieb« in den Lagern Belzec, Sobibor und Treblinka anlaufen sollte, wurde Wolff damit beauftragt, die auftretenden Schwierigkeiten beim Abtransport der Juden aus dem Weg zu räumen und für die Bereitstellung einer ausreichenden Anzahl von Eisenbahnwaggons zu sorgen. Nach einem Ferngespräch mit dem Staatssekretär im Reichsverkehrsministerium und Stellvertretenden Generaldirektor der Deutschen Reichsbahn, erhielt Wolff am 28. Juli die schriftliche Mitteilung, daß seit dem zweiundzwanzigsten wieder täglich ein Zug mit je 5000 Juden von Warschau nach Treblinka und zweimal wöchentlich ein Zug mit 5000 Juden von Przemysl nach Belzec fahre.
Am 13. August dankte Wolff für diese Amtshilfe mit Worten, die keinen Zweifel an seiner Einstellung zu dem Verbrechen offen lassen.

»Für Ihr Schreiben vom 28.7.1942 danke ich Ihnen – auch im Namen des Reichsführers SS – herzlich. Mit besonderer Freude habe ich von Ihrer Mitteilung Kenntnis genommen, daß nun schon seit 14 Tagen täglich ein Zug mit je 5000 Angehörigen des auserwählten Volkes nach Treblinka fährt und wir doch auf diese Weise in die Lage versetzt sind, diese Bevölkerungsbewegung in einem beschleunigten Tempo durchzuführen. Ich habe von mir aus mit den beteiligten Stellen Fühlung genommen, so daß eine reibungslose Durchführung der gesamten Maßnahmen gewährleistet erscheint. Ich danke Ihnen nochmals für die Bemühungen in dieser Angelegenheit und darf Sie gleichzeitig bitten, diesen Dingen auch weiterhin Ihre Beachtung zu schenken.«

Das Schwurgericht München verurteilte Wolff wegen seiner Mitwirkung an den Vernichtungsmaßnahmen am 30. September 1964 zu fünfzehn Jahren Zuchthaus. Es legte ihm Beihilfe zum Mord in wenigstens 300 000 Fällen zur Last, weil er durch seine Verhandlungen mit dem Reichsverkehrsministerium dazu beigetragen hatte, daß mindestens 300 000 jüdische Männer, Frauen und Kinder aus Warschau nach Treblinka gebracht und dort getötet wurden.

Heinrich Himmler mit Heißmeyer, Heydrich und Wolff. Karl Wolff (vorne rechts) gehörte zum »Persönlichen Stab des Reichsführers SS« und war als Chefadjutant der besondere Vertraute Himmlers.

Auch wenn es sich bei Wolff wahrscheinlich nicht um einen fanatischen Rassisten gehandelt hat, wie ihm das Schwurgericht zubilligte, verringert das seine Schuld keineswegs. Blind und ohne Skrupel hat er sich als getreuer Gefolgsmann Himmlers in den Dienst von dessen Vernichtungsprogramm gestellt, und so heißt es in der Urteilsbegründung, er habe sich »die Zielsetzung der Machthaber des ›Dritten Reichs‹ bei der Judenvernichtung zu eigen gemacht und damit selbst aus niedrigen Beweggründen gehandelt«.

Menschen wie Karl Wolff gab es mehr als genug in Deutschland, die – borniert und autoritätsgläubig – nur zu schnell bereit waren, in dem Rassenwahn der braunen Machthaber eine geschichtliche Sendung zu sehen, die es unter allen Umständen durchzusetzen galt. Das eigene Gewissen ließ sich dabei bequem entlasten, wie beispielsweise durch die Rede des Reichsführers SS in Posen vom 6. Oktober 1943. Darin heißt es:

»Der Satz ›Die Juden müssen ausgerottet werden‹ mit seinen wenigen Worten, meine Herren, ist leicht ausgesprochen... Sehen Sie, natürlich sind es Juden, es ist ganz klar, es sind nur Juden, bedenken Sie aber selbst, wieviele – auch Parteigenossen – ihr berühmtes Gesuch an mich oder irgendeine Stelle gerichtet haben, in dem es hieß, daß alle Juden selbstverständlich Schweine seien, daß bloß der Soundso ein anständiger Jude sei, dem man nichts tun dürfe. Ich wage zu behaupten, daß es nach der Anzahl der Gesuche und der Anzahl der Meinungen in Deutschland mehr anständige Juden gegeben hat als überhaupt nominell vorhanden waren. In Deutschland haben wir nämlich so viele Millionen Menschen, die ihren einen berühmten anständigen Juden haben, daß diese Zahl bereits größer ist als die Zahl der Juden...

Es trat an uns die Frage heran: Wie ist es mit den Frauen und Kindern?

Ich habe mich entschlossen, auch hier eine ganz klare Lösung zu finden. Ich hielt mich nämlich nicht für berechtigt, die Männer auszurotten – sprich also umzubringen oder umbringen zu lassen – und die Rächer in Gestalt der Kinder für unsere Söhne und Enkel groß werden zu lassen. Es mußte der Entschluß gefaßt werden, dieses Volk von der Erde verschwinden zu lassen. Für die Organisation, die den Auftrag durchführen mußte, war es der schwerste, den wir bisher hatten. Er ist durchgeführt worden, ohne daß – wie ich glaube sagen zu können – unsere Männer und unsere Führer einen Schaden an Geist und Seele erlitten hätten...«

DRITTER TEIL

Anhang

Der Befehlshaber der Sicherheitspolizei u. des SD
Einsatzkommando 3

Kauen, am 1. Dezember 1941

Geheime Reichssache!

5 Ausfertigungen!
4. Ausfertigung.

Gesamtaufstellung der im Bereich des EK.3 bis zum 1. Dez.1941 durchgeführten Exekutionen.

Übernahme der sicherheitspolizeilichen Aufgaben in Litauen durch das Einsatzkommando 3 am 2.Juli 1941.
(Das Gebiet Wilna wurde am 9.Aug.41, das Gebiet Schaulen am 2.Okt.41 vom EK.3 übernommen. Wilna wurde bis zu diesem Zeitpunkt vom EK.9 und Schaulen vom EK.2 bearbeitet.)

Auf meine Anordnung und meinen Befehl durch die lit.Partisanen durchgeführten Exekutionen:

4.7.41	Kauen - Fort VII - 416 Juden, 47 Jüdinnen	463
6.7.41	Kauen - Fort VII - Juden	2 514

Nach Aufstellung eines Rollkommandos unter Führung von SS-Ostuf.Hamann und 8 - 1o bewährten Männern des EK.3 wurden nachfolgende Aktionen in Zusammenarbeit mit den lit.Partisanen durchgeführt:

7.7.41	Mariampole	Juden	32
8.7.41	"	14 " und 5 komm.Funktionäre	19
8.7.41	Cirkalinei	komm.Funktionäre	6
9.7.41	Wendziogala	32 Juden, 2 Jüdinnen, 1 Litauerin, 2 lit.Komm., 1 russ.Kommunist	38
9.7.41	Kauen - Fort VII -	21 Juden, 3 Jüdinnen	24
14.7.41	Mariampole	21 " , 1 russ. 9 lit.Komm.	31
17.7.41	Babtei	8 komm.Funktionäre (6 davon Juden)	8
18.7.41	Mariampole	39 Juden, 14 Jüdinnen	53
19.7.41	Kauen - Fort VII -	17 " , 2 " ,4 lit.Komm., 2 komm.Litauerinnen, 1 deutsch.K.	26
21.7.41	Panevezys	59 Juden, 11 Jüdinnen, 1 Litauerin, 1 Pole, 22 lit.Komm., 9 russ.Komm.	1o3
22.7.41	"	1 Jude	1
23.7.41	Kedsiniai	83 Juden, 12 Jüdinnen, 14 russ.Komm. 15 lit.Komm., 1 russ.O-Politruk.	125
25.7.41	Mariampole	9o Juden, 13 Jüdinnen	1o3
28.7.41	Panevezys	234 " , 15 " , 19 russ.Komm., 2o lit.Kommunisten	288
		-Übertrag:	3 834

Blatt 2.

		-Übertrag:	3 834
29.7.41	Rasainiai	254 Juden, 3 lit. Kommunisten	257
3o.7.41	Agriogala	27 " , 11 " "	38
31.7.41	Utena	235 " , 16 Jüdinnen, 4 lit.Komm. 1 zweifacher Raubmörder	256
11/31.7.41	Wendziogala	13 Juden, 2 Mörder	15
Monat August:			
1.8.41	Ukmerge	254 Juden, 42 Jüdinnen, 1 pol.Komm. 2 lit.NKWD-Agenten, 1 Bürgermeister von Jonava, der den Befehl zum Anzünden der Stadt Jonava gab	3oo
2.8.41	Kauen-Fort IV	17o Juden, 1 USA-Jude, 1 USA-Jüdin, 33 Jüdinnen, 4 lit.Kommunisten	2o9
4.8.41	Panevezys	362 Juden, 41 Jüdinnen, 5 russ.Komm. 14 lit.Kommunisten	422
5.8.41	Rasainiai	213 Juden, 66 Jüdinnen	279
7.8.41	Uteba	483 " , 87 " , 1 Litauer, war Leichenfledderer an deutschen Soldaten	571
8.8.41	Ukmerge	62o Juden, 82 Jüdinnen	7o2
9.8.41	Kauen-Fort IV	484 " , 5o "	534
11.8.41	Panevezys	45o " , 48 " 1 lit.1 russ.K.	5oo
13.8.41	Alytus	617 " , 1oo " , 1 Verbrecher	719
14.8.41	Jonava	497 " , 55 "	552
15.und 16.8.41	Rokiskis	32oo Juden, Jüdinnen und J-Kinder, 5 lit.Komm., 1 Pole, 1 Partisane	3 2o7
9.bis 16.8.41	Rasainiai	294 Jüdinnen, 4 Judenkinder	298
27.6.bis 14.8.41	Rokiskis	493 Juden, 432 Russen, 56 Litauer (alles aktive Kommunisten)	981
18.8.41	Kauen-Fort IV	698 Juden, 4o2 Jüdinnen, 1 Polin, 711 Intell.-Juden aus dem Ghetto als Repressalie für eine Sabotage-Handlung	1 812
19.8.41	Ukmerge	293 Juden, 255 Jüdinnen, 1 Politr. 88 Judenkinder, 1 russ. Kommunist	645
22.8.41	Dünaburg	3 russ.Komm., 5 Letten,(dabei war 1 Mörder,)1 russ.Gardist, 3 Polen, 3 Zigeuner, 1 Zigeunerin, 1 Zigeunerkind, 1 Jude, 1 Jüdin, 1 Armonier, 2 Politruks (Gefängnis-Überprüfung in Dünaburg)	21
		-Übertrag:	16 152

		-Übertrag:	16 152
22.8.41	Aglona	Geisteskranke: 269 Männer, 227 Frauen, 48 Kinder	544
23.8.41	Panevezys	1312 Juden, 4602 Jüdinnen, 1609 Judenkinder	7 523
18.bis 22.8.41	Kr.Rasainiai	466 Juden, 440 Jüdinnen, 1020 Judenkinder	1 926
25.8.41	Obeliai	112 Juden, 627 Jüdinnen, 421 Judenkinder	1 160
25.und 26.8.41	Seduva	230 Juden, 275 Jüdinnen, 159 Judenkinder	664
26.8.41	Zarasai	767 Juden, 1113 Jüdinnen, 1 lit.Kom. 687 Judenkinder, 1 russ.Kommunistin	2 569
26.8.41	Pasvalys	402 Juden, 738 Jüdinnen, 209 Judenkinder	1 349
26.8.41	Kaisiadorys	alle Juden,Jüdinnen u.J.-Kinder	1 911
27.8.41	Prienai	" " " " "	1 078
27.8.41	Dagda und Kraslawa	212 Juden, 4 russ.Kr.-Gefangene	216
27.8.41	Joniskis	47 Juden, 165 Jüdinnen, 143 Judenkinder	355
28.8.41	Wilkia	76 Juden, 192 Jüdinnen, 134 Judenkinder	402
28.8.41	Kedainiai	710 Juden, 767 Jüdinnen, 599 Judenkinder	2 076
29.8.41	Rumsiskis u. Ziezmariai	20 Juden, 567 Jüdinnen, 197 Judenkinder	784
29.8.41	Utena und Moletai	582 Juden, 1731 Jüdinnen, 1469 Judenkinder	3 782
13.bis 31.8.41	Alytus und Umgebung	233 Juden	233

Monat September:

1.9.41	Mariampole	1763 Juden, 1812 Jüdinnen, 1404 Judenkinder, 109 Geisteskranke, 1 deutsche Staatsangehörige, die mit einem Juden verheiratet war, 1 Russin	5 090
		-Übertrag:	47 814

Blatt 4.

-Übertrag: 47 814

28.8.bis 2.9.41	Darsuniskis	lo Juden,	69 Jüdinn.	2o J'-Kind.	99
	Carliava	73 "	113 "	61 "	247
	Jonava	112 "	12oo "	244 "	1 556
	Petrasiunai	3o "	72 "	23 "	125
	Jesuas	26 "	72 "	46 "	144
	Ariogala	2o7 "	26o "	195 "	662
	Jasvainai	86 "	llo "	86 "	282
	Babtei	2o "	41 "	22 "	83
	Wenziogala	42 "	113 "	97 "	252
	Krakes	448 "	476 "	2ol "	1 125
4.9.41	Pravenischkis	247 "	6 "	(Hetz.i.A.-Lg.)	253
4.9.41	Cekiske	22 "	64 "	6o J.-Kind.	146
	Seredsius	6 "	61 "	126 "	193
	Velinona	2 "	71 "	86 "	159
	Zapiskis	47 "	118 "	13 "	178
5.9.41	Ukmerge	1123 "	1849 "	1737 "	4 7o9
25.8.bis 6.9.41	Säuberung in Rasainiai	16 "	412 "	415 "	843
	in Georgenburg	alle "	alle "	alle "	412
9.9.41	Alytus	287 "	64o "	352 "	1 279
9.9.41	Butrimonys	67 "	37o "	3o3 "	74o
lo.9.41	Merkine	223 "	355 "	276 "	854
lo.9.41	Varena	541 "	141 "	149 "	831
11.9.41	Leipalingis	6o "	7o "	25 "	155
11.9.41	Seirijai	229 "	384 "	34o "	953
12.9.41	Simnas	68 "	197 "	149 "	414
ll.und 12.9.41	Uzusalis	Strafaktion gegen Bewohner, die die russ.Partisanen verpflegt haben und teilweise im Besitze von Waffen waren			43
26.9.41	Kauen-F.IV-	412 Juden	615 Jüdinnen,	581 J.-Kind. (Kranke u.Seuchenverdächtige)	1 6o8

-Übertrag: 66 159

Blatt 5.

		-Übertrag:	66 159

Monat Oktober:

2.1o.41	Zagare	633 Juden, 11o7 Jüdinn.,496 J.-Ki. (beim Abführen dieser Juden entstand eine Meuterei, die jedoch sofort niedergeschlagen wurde. Dabei wurden 15o Juden sofort erschossen. 7 Partisanen wurd.verletzt)	2 236
4.1o.41	Kauen-F.IX-	315 Juden,712 Jüdinn.,818 J.-Kind. (Strafaktion weil im Ghetto auf einen deutsch.Polizisten geschossen wurde)	1 845
29.1o.41	Kauen-F.IX-	2oo7 Juden, 292o Jüdinnen, 4273 Judenkinder (Säuberung des Ghettos von überflüssigen Juden)	9 2oo

Monat November:

3.11.41	Lazdijai	485 Juden,511 Jüdinn.,539 J.-Kind.	1 535
15.11.41	Wilkowiski	36 " 48 " 31 "	115
25.11.41	Kauen-F.IX-	1159 " 16oo " 175 " (Umsiedler aus Berlin, München u. Frankfurt a.M.)	2 934
29.11.41	" "	693 " 1155 " 152 " (Umsiedler aus Wien u.Breslau)	2 ooo
29.11.41	" "	17 Juden, 1 Jüdin, die gegen die Ghettogesetze verstossen hatten, 1 R.-Deutscher, der zum jüdischen Glauben übergetreten war und eine Rabinerschule besucht hatte, dann 15 Terroristen der Kalinin-Gruppe	34

Teilkommando des EK.3
in Dünaburg in der Zeit
vom 13.7.-21.8.41:

	9o12 Juden, Jüdinnen und Judenkinder, 573 aktive Kommunisten	9 585

Teilkommando des EK.3
in Wilna:

12.8.bis 1.9.41	Wilna-Stadt	425 Juden, 19 Jüdinnen, 8 Kommunist. 9 Kommunistinnen	461
2.9.41	" "	864 Juden, 2o19 Jüdinnen, 817 Judenkinder (Sonderaktion, weil von Juden auf deutsche Soldaten geschossen wurde)	3 7oo
		-Übertrag:	99 8o4

Blatt 6.

-Übertrag: 99 8o4

12.9.41	Wilna-Stadt	993 Juden,	167o Jüdinn.	771 J.-Kind.		3 334
17.9.41	" "	337 "	687 "	247	"	1 271
		und 4 lit.Kommunisten				
2o.9.41	Nemencing	128 Juden,	176 Jüdinn.	99	"	4o3
22.9.41	Novo-Wilejka	468 " ,	495 "	196	"	1 159
24.9.41	Riesa	512	744	511	"	1 767
25.9.41	Jahiunai	215 "	229 "	131	"	575
27.9.41	Eysisky	989 "	1636 "	821	"	3 446
3o.9.41	Trakai	366 "	483 "	597	"	1 446
4.1o.41	Wilna-Stadt	432 "	1115 "	436	"	1 983
6.1o.41	Semiliski	213 "	359 "	39o	"	962
9.1o.41	Svenciany	1169 "	184o "	717	"	3 726
16.1o.41	Wilna-Stadt	382 "	5o7 "	257	"	1 146
21.1o.41	" "	718 "	1o63 "	586	"	2 367
25.1o.41	" "	- "	1766 "	812	"	2 578
27.1o.41	" "	946 "	184 "	73	"	1 2o3
3o.1o.41	" "	382 "	789 "	362	"	1 533
6.11.41	" "	34o "	749 "	252	"	1 341
19.11.41	" "	76 "	77 "	18		171
19.11.41	" "	6 Kriegsgefangene, 8 Polen				14
2o.11.41	" "	3				3
25.11.41	" "	9 Juden, 46 Jüdinnen, 8 J.-Kinder, 1 Pole wegen Waffenbesitz u.Besitz von anderem Kriegsgerät				64

Teilkommando des EK.3
in Minsk
<u>vom 28.9.-17.1o.41:</u>

Pleschnitza,
Bicholin,
Scak,
Bober,
Uzda 62o Juden, 1285 Jüdinnen, 1126 J.-Kind.
und 19 Kommunisten . 3 o5o

133 346

Vor Übernahme der sicherheitspol.Aufgaben durch das EK.3, 4 ooo Juden durch Progrome und Exekutionen - ausschliesslich von Partisanen - liquidiert.

Sa. 137 346

Blatt 7.

Ich kann heute feststellen, dass das Ziel, das Judenproblem für Litauen zu lösen, vom EK.3 erreicht worden ist. In Litauen gibt es keine Juden mehr, ausser den Arbeitsjuden incl. ihrer Familien.

Das sind

in Schaulen	ca.	4 500
in Kauen	"	15 000
in Wilna	"	15 000.

Diese Arbeitsjuden incl. ihrer Familien wollte ich ebenfalls umlegen, was mir jedoch scharfe Kampfansage der Zivilverwaltung (dem Reichskommissar) und der Wehrmacht eintrug und das Verbot auslöste: Diese Juden und ihre Familien dürfen nicht erschossen werden!

Das Ziel, Litauen judenfrei zu machen, konnte nur erreicht werden, durch die Aufstellung eines Rollkommandos mit ausgesuchten Männern unter Führung des SS-Obersturmführer Hamann, der sich meine Ziele voll und ganz aneignete und es verstand, die Zusammenarbeit mit den litauischen Partisanen und den zuständigen zivilen Stellen zu gewährleisten.

Die Durchführung solcher Aktionen ist in erster Linie eine Organisationsfrage. Der Entschluss, jeden Kreis systematisch judenfrei zu machen, erforderte eine gründliche Vorbereitung jeder einzelnen Aktion und Erkundung der herrschenden Verhältnisse in dem betreffenden Kreis. Die Juden mussten an einem Ort oder an mehreren Orten gesammelt werden. An Hand der Anzahl musste der Platz für die erforderlichen Gruben ausgesucht und ausgehoben werden. Der Anmarschweg von der Sammelstelle zu den Gruben betrug durchschnittlich 4 bis 5 km. Die Juden wurden in Abteilungen zu 500, in Abständen von mindestens 2 km, an den Exekutionsplatz transportiert. Welche Schwierigkeiten und nervenaufreibende Arbeit dabei zu leisten war, zeigt ein willkürlich herausgegriffenes Beispiel:

In Rokiskis waren 3208 Menschen 4 1/2 km zu transportieren, bevor sie liquidiert werden konnten. Um diese Arbeit in 24 Stunden bewältigen zu können, mussten von 80 zur Verfügung stehenden litauischen Partisanen über 60 zum Transport, bezw.

Blatt 8.

bezw. zur Absperrung eingeteilt werden. Der verbleibende Rest, der immer wieder abgelöst wurde, hat zusammen mit meinen Männern die Arbeit verrichtet. Kraftfahrzeuge stehen zum Transport nur selten zur Verfügung. Fluchtversuche, die hin und wieder vorkamen, wurden ausschliesslich durch meine Männer unter eigener Lebensgefahr verhindert. So haben z.B. 3 Mann des Kommandos bei Mariampole 38 ausbrechende Juden und kommunistische Funktionäre auf einem Waldweg zusammengeschossen, ohne dass jemand entkam. Der An- und Rückmarschweg betrug zu den einzelnen Aktionen durchweg 160 - 200 km. Nur durch geschickte Ausnutzung der Zeit ist es gelungen, bis zu 5 Aktionen in einer Woche durchzuführen und dabei doch die in Kauen anfallende Arbeit so zu bewältigen, dass keine Stockung im Dienstbetrieb eingetreten ist.

Die Aktionen in Kauen selbst, wo genügend einigermassen ausgebildete Partisanen zur Verfügung stehen, kann als Paradeschiessen betrachtet werden, gegenüber den oft ungeheuerlichen Schwierigkeiten die ausserhalb zu bewältigen waren.

Sämtliche Führer und Männer meines Kommandos in Kauen haben an den Grossaktionen in Kauen aktiv teilgenommen. Lediglich ein Beamter des Erkennungsdienstes war infolge Krankheit von der Teilnahme befreit.

Ich betrachte die Judenaktionen für das EK.3 in der Hauptsache als abgeschlossen. Die noch vorhandenen Arbeitsjuden und Jüdinnen werden dringend gebraucht und ich kann mir vorstellen, dass nach dem Winter diese Arbeitskräfte dringendst weiter gebraucht werden. Ich bin der Ansicht, dass sofort mit der Sterilisation der männlichen Arbeitsjuden begonnen wird, um eine Fortpflanzung zu verhindern. Wird trotzdem eine Jüdin schwanger, so ist sie zu liquidieren.

Eine der wichtigsten Aufgaben sah das EK.3, neben den Judenaktionen, in der Überprüfung der meist überfüllten Gefängnisse in den einzelnen Orten und Städten. Durchschnittlich sassen in jeder Kreisstadt an 600 Personen lit.Volkszugehörigkeit im Gefängnis ein, obwohl ein eigentlicher Haftgrund nicht vorlag. Sie wurden von Partisanen auf Grund einfacher Denunzierungen usw. festgenommen. Viele persönliche Rechnungen waren dabei beglichen worden. Kein Mensch hat sich um sie gekümmert. Man muss in den Gefängnissen gewesen sein und sich mal einen Moment in den überfüllten Zellen aufgehalten

aufgehalten haben, die in hygienischer Beziehung oft jeder Beschreibung spotten. In Jonava - und das ist ein Beispiel für viele - sassen in einem düsteren Kellerraum von 3 m Länge, 3 m Breite und 1,65 m Höhe, 5 Wochen lang 16 Männer ein, die alle entlassen werden konnten weil gegen sie nichts vorzubringen war. Mädchen im Alter von 13 bis 16 Jahren sind eingesperrt worden, weil sie sich, um Arbeit zu bekommen, um die Aufnahme in die kommunistische Jugend beworben hatten. Hier musste durch durchgreifende Massnahmen eine klare Richtung in die Köpfe der zuständigen litauischen Kreise hineingehämmert werden. Die Gefängnisinsassen wurden auf dem Gefängnishof aufgestellt und an Hand der Listen und Unterlagen überprüft. Diejenigen, die wegen harmloseren Vergehen grundlos eingesperrt waren, wurden zu einem besonderen Haufen zusammengestellt. Diejenigen, die wir aufgrund ihres Vergehens zu 1 - 3 und 6 Monaten verurteilten, wurden wieder gesondert aufgeteilt, ebenso diejenigen, die zu liquidieren waren, wie Verbrecher, kommunistische Funktionäre, Politruks und anderes Gesindel. Zusätzlich zu der ausgesprochenen Strafe erhielt ein Teil, je nach dem Vergehen, im besonderen kommunistische Funktionäre, 1o bis 4o Peitschenhiebe zudiktiert, die jeweils sofort ausgeteilt wurden. Nach Abschluss der Überprüfung wurden die Gefangenen in ihre Zellen zurückgeführt. Die Freizulassenden wurden im Zuge nach dem Marktplatz gebracht und dort nach einer kurzen Ansprache, in Gegenwart vieler Einwohner, freigelassen. Die Ansprache hatte folgenden Inhalt (sie wurde satzweise sofort von einem Dolmetscher litauisch und russisch übersetzt):

"Wenn wir Bolschewisten wären, hätten wir Euch erschossen, da wir aber Deutsche sind, geben wir Euch die Freiheit."

Dann folgte eine scharfe Ermahnung, sich jeder politischen Tätigkeit zu enthalten, sofort alles, was über Gegenströmungen in Erfahrung gebracht wird, den deutschen Stellen zu melden und sich sofort arbeitsmässig am Wiederaufbau, vor allem in der Landwirtschaft, intensiv zu beteiligen. Sollte sich einer erneut eines Vergehens schuldig machen, werde er erschossen. Dann wurden sie entlassen.

Man kann sich keine Vorstellung machen, welche Freude, Dankbarkeit und Begeisterung diese unsere Massnahme jeweils bei den Freigelassenen und der Bevölkerung auslöste. Mit scharfen Worten musste man sich oft der Begeisterung erwehren, wenn Frauen, Kinder und Männer mit tränenden Augen versuchten, uns die Hände und Füsse zu küssen.

SS-Standartenführer

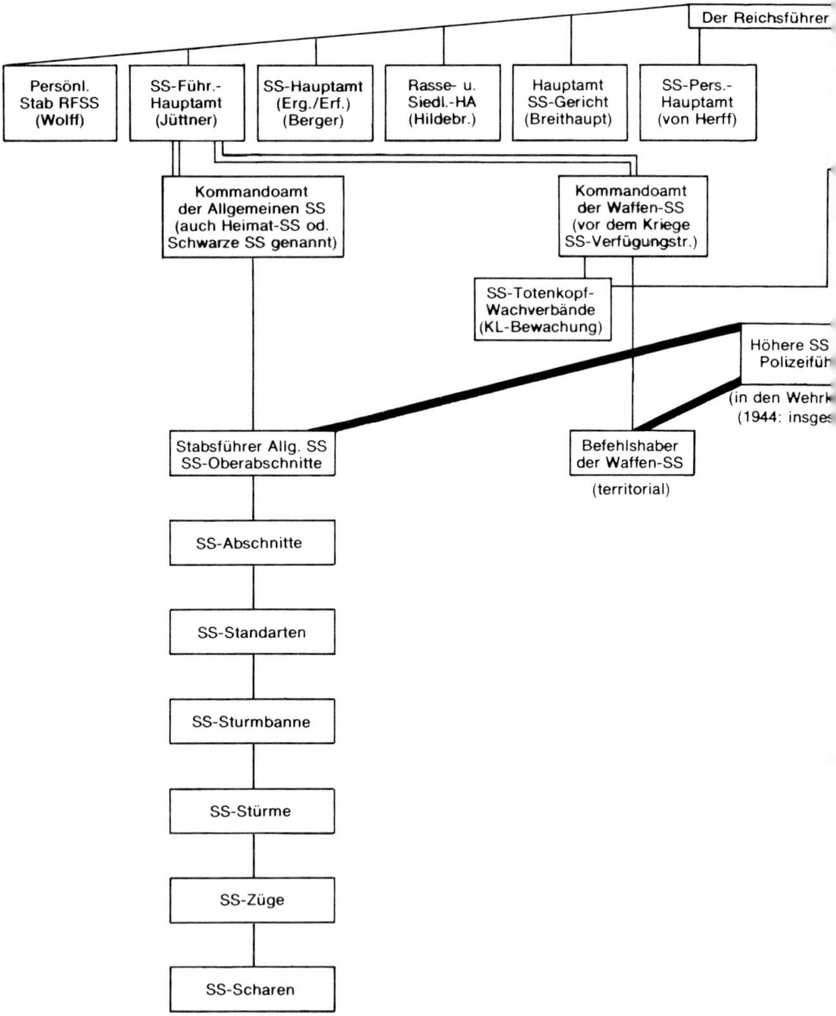

Zeichenerklärung:

—— = Routinebefehlsweg
▬▬ = Sonderbefehlsweg
••••• = Inspektion
▬ • ▬ • = Dienstaufsicht
═══ = Amtszugehörigkeit
* (bei Gend.) = Zusammenfassung mehrerer Kreise in großen Bezirken

Die Organisation der SS und der Polizei im Reichsgebiet

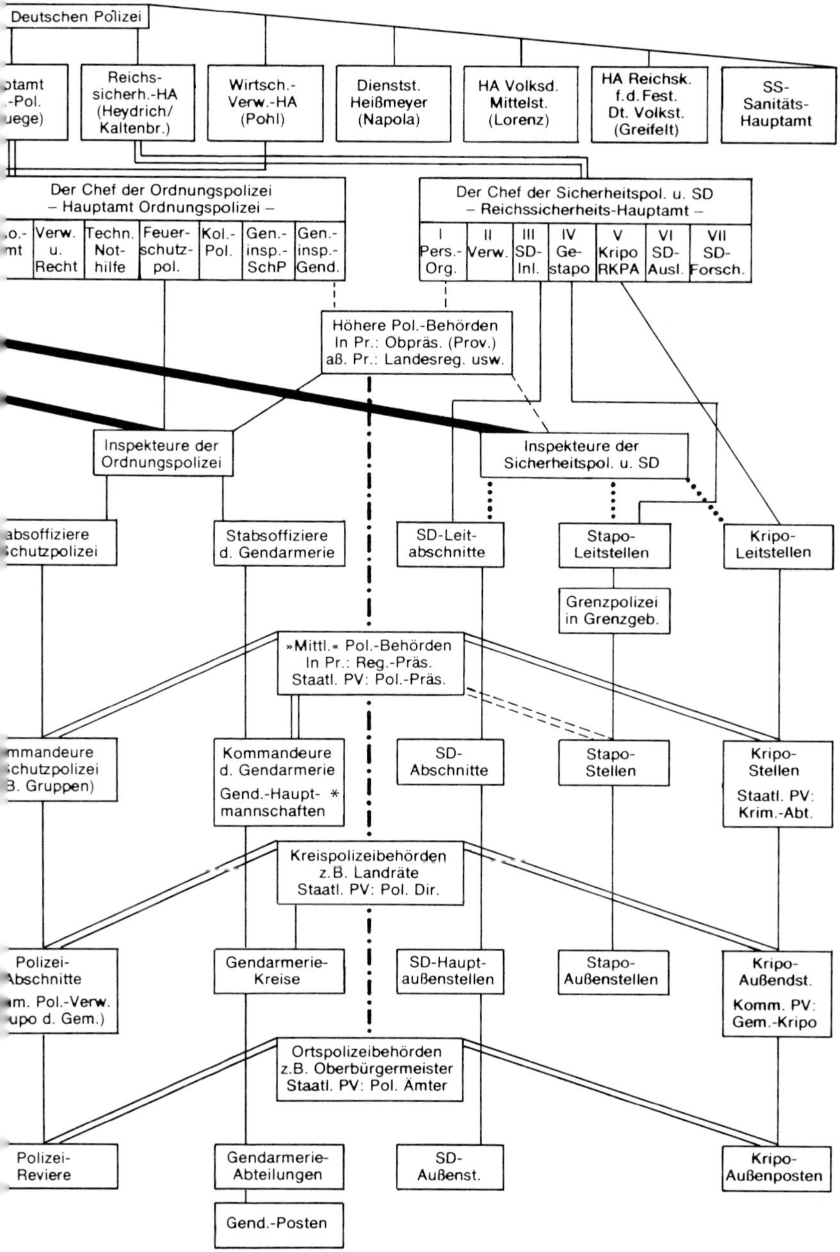

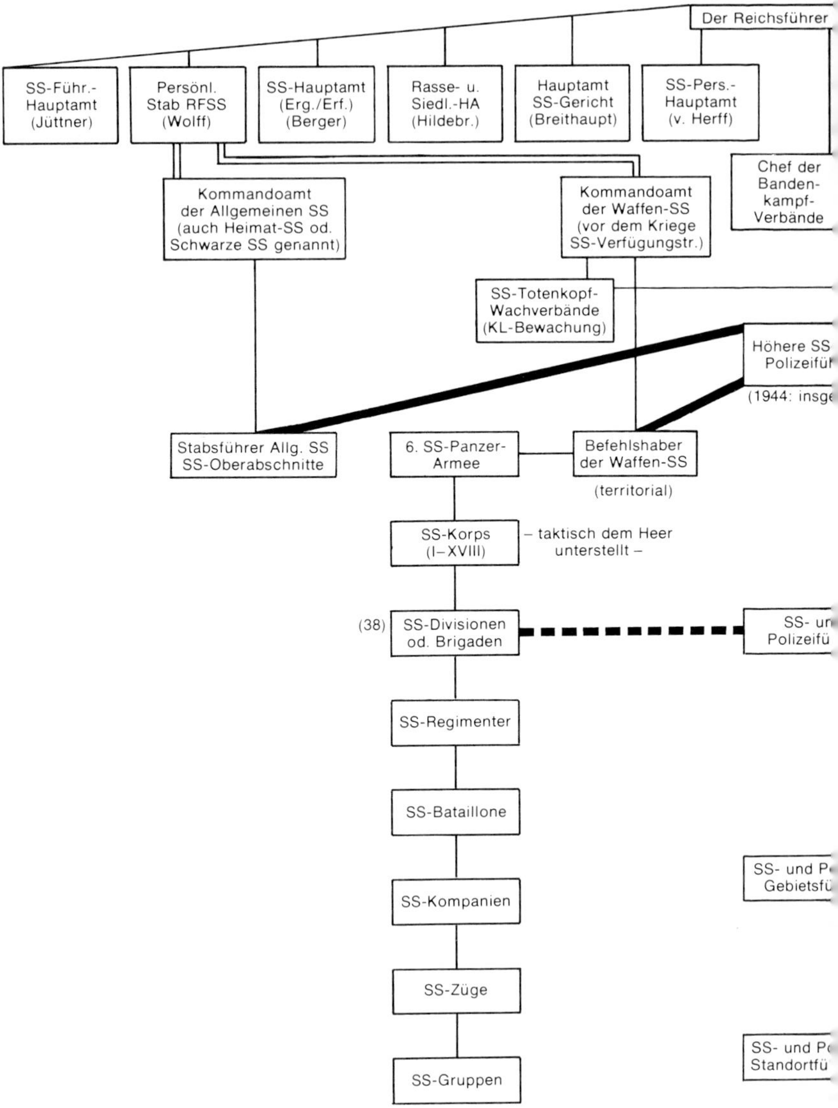

Zeichenerklärung:

——— = Routinebefehlsweg
▬▬▬ = Sonderbefehlsweg
═══ = Amtszugehörigkeit
■ ■ ■ ■ ■ = nur lose Unterstellung
* (bei SSPSTF) = in großen Städten direkt dem SSPF unterstellt

ie Organisation der SS und der Polizei in den besetzten Gebieten

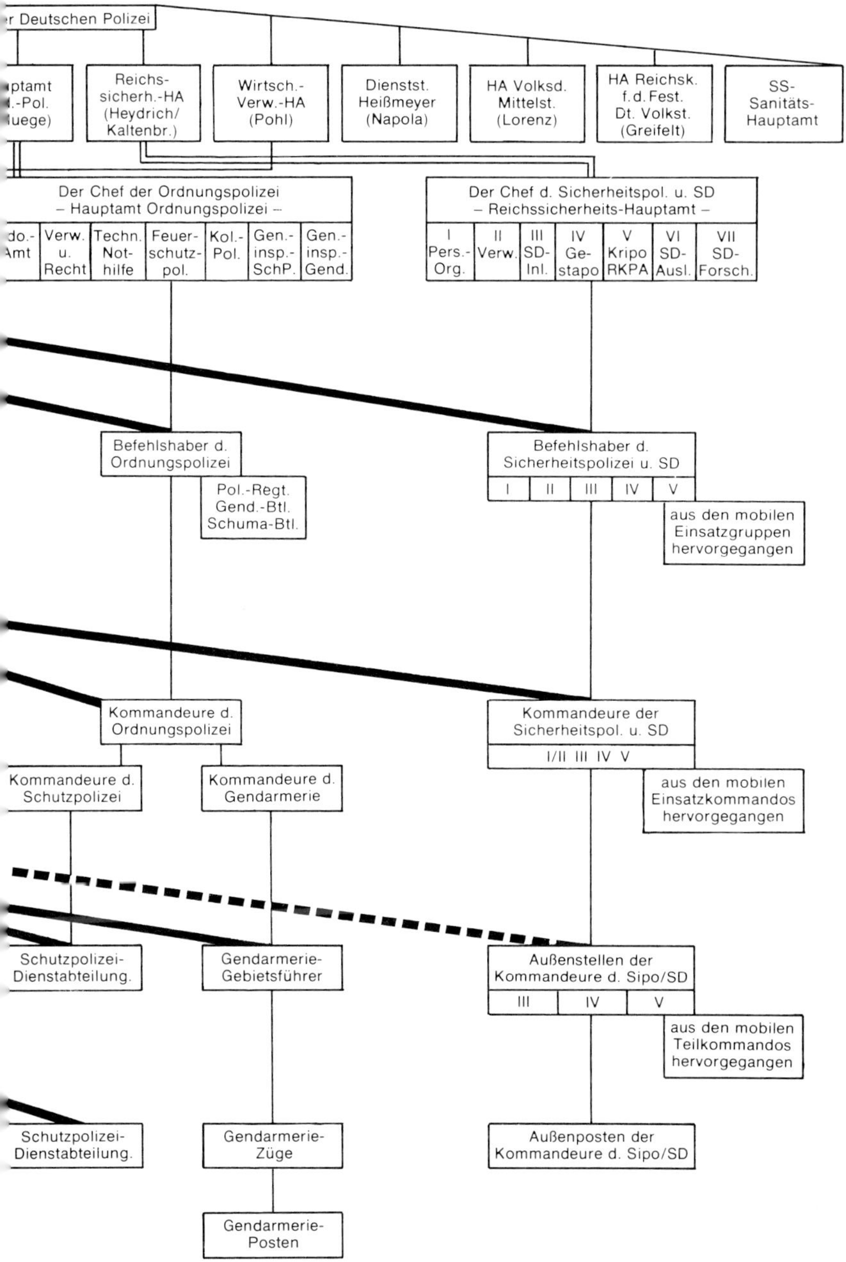

RANGTAFEL

Wehrmacht	Polizei	SS	Waffen-SS	SA
Reichsmarschall				
Generalfeldmarschall Großadmiral	Reichsführer SS und Chef der deutschen Polizei			Stabschef
Generaloberst Generaladmiral	Generaloberst	Oberstgruppen- führer	Oberstgruppen- führer	
General der Inf. usw. Admiral	General der Polizei	Obergruppenführer	Obergruppenführer	Obergruppenführer
Generalleutnant Vizeadmiral	Generalleutnant	Gruppenführer	Gruppenführer	Gruppenführer
Generalmajor Konteradmiral	Generalmajor	Brigadeführer	Brigadeführer	Brigadeführer
		Oberführer	Oberführer	Oberführer
Oberst/Kpt. z. S.	Oberst	Standartenführer	Standartenführer	Standartenführer
Oberstleutnant Fregattenkapitän	Oberstleutnant	Obersturmbann- führer	Obersturmbann- führer	Obersturmbann- führer
Major Korvettenkapitän	Major	Sturmbannführer	Sturmbannführer	Sturmbannführer
Hauptmann Kapitänleutnant	Hauptmann	Hauptsturmführer	Hauptsturmführer	Hauptsturmführer
Oberleutnant (z. S.)	Oberleutnant	Obersturmführer	Obersturmführer	Obersturmführer
Leutnant (z. S.)	Leutnant	Untersturmführer	Untersturmführer	Sturmführer
Stabsoberfeldwebel		Sturmscharführer	Sturmscharführer	Haupttruppführer
Oberfähnrich (z. S.)				
Oberfeldwebel		Hauptscharführer	Hauptscharführer	Obertruppführer
Feldwebel	Meister	Oberscharführer	Oberscharführer	Truppführer
Fähnrich (z. S.)				
Unterfeldwebel Matr. Ob.Maat	Hauptwachtmeister	Scharführer	Scharführer	Oberscharführer
Unteroffizier Matr.Maat	Rev.O.Wachtmeister Zugwachtmeister	Unterscharführer	Unterscharführer	Scharführer
Stabsgefreiter Hauptgefreiter				
Obergefreiter	Oberwachtmeister			
Gefreiter	Wachtmeister	Rottenführer	Rottenführer	Rottenführer
Obersoldat	Rottwachtmeister	Sturmmann	Sturmmann	Obersturmmann
Soldat Matrose	Unterwachtmeister	SS-Mann	SS-Mann	Sturmmann
		SS-Anwärter		SA-Anwärter

Abkürzungsverzeichnis

AA Auswärtiges Amt
AEL Arbeitserziehungslager
A.K. Armeekorps
AOK Armeeoberkommando
APA Außenpolitisches Amt der NSDAP
AWA Allgemeines Wehrmachtsamt (im OKW)

BdE Befehlshaber des Ersatzheeres
BdO Befehlshaber der Ordnungspolizei
BdS Befehlshaber der Sicherheitspolizei und des SD
BfdV Beauftragter für den Vierjahresplan (Göring)
Brig. Brigade
Brigf. Brigadeführer (Generalmajor)
Btl., Batl. Bataillon
Bttr. Batterie

CdO Chef der Ordnungspolizei
Ch. d. Gen. St. Chef des Generalstabes
CS, CSSD Chef der Sicherheitspolizei (und des SD)

DAF Deutsche Arbeitsfront
DAG Deutsche Aussiedlungs-Gesellschaft (des RKF)
DAW Deutsche Ausrüstungswerke
DBFU Dienststelle des Beauftragten des Führers für die Überwachung der gesamten geistigen und weltanschaulichen Schulung und Erziehung der NSDAP
DUT Deutsche Umsiedlungs-Treuhandgesellschaft (des RKF)
DWB Deutsche Wirtschaftsbetriebe (WVHA)

EG, EGr. Einsatzgruppe (der Sipo und des SD)
EK Einsatzkommando (der Sipo und des SD)

FA Führungsamt
FG, FGend. Feldgendarmerie
FHA SS-Führungshauptamt
FK Feldkommandantur
FuRK Führer und Reichskanzler
Fw. Feldwebel

Geb.Kom. Gebietskommissar (-kommissariat)
Gen. General
Gen.Insp. Generalinspekteur
Gen.Kdo. Generalkommando
Gen.Kom. GK Generalkommissar (-kommissariat)
Gen.Lt. Generalleutnant
Gen.Maj. Generalmajor
Gen.Oberst Generaloberst
Gen.Qu. Generalquartiermeister
Gen.St. Generalstab
Gestapa Geheimes Staatspolizeiamt
Gestapo Geheime Staatspolizei
GFM Generalfeldmarschall
GFP Geheime Feldpolizei
GG Generalgouvernement
GGr. Generalgouverneur
gKdos. Geheime Kommandosache
GK, GPK Grenzpolizeikommissariat
GrHptqu., Gr.H.Qu. Großes Hauptquartier
Gruf. Gruppenführer (Generalleutnant)

HA	Hauptamt
HAOP	Hauptamt Ordnungspolizei
HGr.	Heeresgruppe
Hiwi	Hilfswillige(r)
HPA	Heerespersonalamt im OKH
Hptfw.	Hauptfeldwebel (»Spieß«)
Hptm.	Hauptmann
HSSPF	Höherer SS- und Polizeiführer
HStuf.	Hauptsturmführer
IdO	Inspekteur der Ordnungspolizei
IdS	Inspekteur der Sicherheitspolizei (u. SD)
IMT	Internationales Militärtribunal (Nürnberg)
Insp.	Inspekteur
I.R.	Infanterie-Regiment
Julag	Judenarbeitslager
Kapo	KZ-Häftling (mit einer einem Vorarbeiter ähnlichen Stellung)
KdF	Kanzlei des Führers
KdG	Kommandeur der Gendarmerie
KdO	Kommandeur der Ordnungspolizei (Schupo und Gend.)
Kdo	Kommando
Kdr.	Kommandeur
KdS	Kommandeur der Sicherheitspolizei (und des SD)
KdSch.	Kommandeur der Schutzpolizei
Kdt.	Kommandant
Kdtr.	Kommandantur
Kgf.	Kriegsgefangene(r)
KGr.	Kampfgruppe
KL	Konzentrationslager (offz.Abk.)
Kom.Gen.	Kommandierender General (Kdr. eines AK)
Komp., Kp.	Kompanie
LAH, LSSAH	Leibstandarte SS »Adolf Hitler«
Lt.	Leutnant
Maj.	Major
Mil.Bef.	Militär-Befehlshaber
NAPOLA	Nationalpolitische Erziehungsanstalten
ND	Nachrichtendienst
NN-Erlaß	Nacht- und Nebel-Erlaß
NSDAP	Nationalsozialistische Deutsche Arbeiterpartei
NSDAEB	NS-Deutscher Ärztebund
NSKK	NS-Kraftfahrerkorps
OB.	Oberbefehlshaber
ObdH	Oberbefehlshaber des Heeres
Oberf.	Oberführer
Oberst-Gruf.	Oberst-Gruppenführer
Oberstlt.	Oberstleutnant
Ob.Gefr.	Obergefreiter
Oblt.	Oberleutnant
Obst.	Oberst
Off., Offz.	Offizier
OGruf.	Obergruppenführer
OKH	Oberkommando des Heeres
OKW	Oberkommando der Wehrmacht
Orpo	Ordnungspolizei
OSAF	Oberste SA-Führung Oberster SA-Führer
Osti	Ostindustrie (des WVHA in Polen)
OStubaf.	Obersturmbannführer
OStuf.	Obersturmführer
Pers.Ha, PHA	Personalhauptamt
Pers.Stab RFSS	Persönlicher Stab Reichsführer SS
Pg.	Parteigenosse

PKzl.	Parteikanzlei
Pol.Btl.	Polizei-Bataillon – auch PB –
Pol. Gebietsf.	Polizeigebietsführer mit den Rechten eines SSPF
Promi	NS-Propagandaministerium
RAD	Reichsarbeitsdienst
RAF	Reichsarbeitsführer
RBM	Reichsministerium für Bewaffnung und Munition
RF	Reichsführer (Diktatzeichen des RFSS)
RFSS	Reichsführer SS (und Chef der Deutschen Polizei)
RFSSu ChdDt.Pol.	Reichsführer SS und Chef der Deutschen Polizei
RIF	NS-Reichsstelle für industrielle Fette und Waschmittel
RKF	Reichskommissar für die Festigung des Deutschen Volkstums
RKFV	Reichskommissariat für die Festigung des Deutschen Volkstums
RKO	Reichskommissar Ostland
RKPA	Reichskriminalpolizeiamt
RKU	Reichskommissar Ukraine
RMO.	Reichsminister(ium) für die besetzten Ostgebiete
RSHA	Reichssicherheitshauptamt
RuPrMdI	Reichs- und Preußischer Minister des Innern
RuSHA	Rasse- und Siedlungshauptamt
SA	Sturmabteilung der NSDAP
Sch.P.	Schupo Schutzpolizei (in den Städten)
SD	Sicherheitsdienst
Sipo, SP	Sicherheitspolizei
SK	Sonderkommando (-kommission)
SPKdo.	Sicherungspolizeikommando
SS	Schutzstaffel(n) der NSDAP
SSPF	SS- und Polizeiführer
SS-TV	SS-Totenkopfverbände
SS-VT	SS-Verfügungstruppe
SS-WVHA	SS-Wirtschaftsverwaltungshauptamt
Staf.	Standartenführer
Stalag	Stammlager (Kgf.)
Stapo	Geheime Staatspolizei – auch Gestapo –
StdF.	Stellvertreter des Führers
St.Kdt.	Standort-Kommandantur
Stubaf.	Sturmbannführer
Stuf.	Sturmführer
TV	Totenkopf-Verband
TWL	Truppenwirtschaftslager (der SS)
Uffz.	Unteroffizier
Uscha.	Unterscharführer
VB	»Völkischer Beobachter« (Presseorgan der Partei)
VGH	Volksgerichtshof
Vomi	Volksdeutsche Mittelstelle
VT	Verfügungstruppe
WFSt.	Wehrmachtführungsstab im OKW
WSO	Wirtschaftsstab Ost
W.SS	Waffen-SS
WVHA	Wirtschaftsverwaltungs-Hauptamt der SS
ZAL	Zwangsarbeitslager
z.b.V.	zur besonderen Verwendung

Literatur- und Quellenverzeichnis

Adam, Uwe Dietrich, *Judenpolitik im Dritten Reich* (Athenäum/Droste Taschenbücher Geschichte), 1979

Adler, H. G., *Der verwaltete Mensch.* Studien zur Deportation der Juden aus Deutschland, Tübingen 1974

Artzt, Heinz, *Zur Abgrenzung von Kriegsverbrechen und NS-Verbrechen,* in: NS-Prozesse, hrsg. von Adalbert Rückerl, Karlsruhe 1971

Auerbach, Hellmuth, *Der Begriff »Sonderbehandlung« im Sprachgebrauch der SS,* in: Gutachten des Institutes für Zeitgeschichte München, Bd. II, Stuttgart 1966, S. 182ff.

Blank, Manfred, *Zum Beispiel: Die Ermordung der Juden im Generalgouvernement Polen,* in: NS-Prozesse, hrsg. von Adalbert Rückerl, Karlsruhe 1971

Blumental, Nachmann, *»RIF«,* in: Jiddische Kultur, Monatsschrift des Jiddischen Kulturverbandes, 21. Jahrgang, Juni/Juli 1959

Bollmus. Reinhard, *Das Amt Rosenberg und seine Gegner.* Zum Machtkampf im nationalsozialistischen Herrschaftssystem (Studien zur Zeitgeschichte), Stuttgart 1970

Broszat, Martin, *Nationalsozialistische Polenpolitik 1939–1945* (Fischer Tb 692), Frankfurt 1965

Broszat, Martin (Hrsg.), *Kommandant in Auschwitz.* Autobiographische Aufzeichnungen von Rudolf Höß, Stuttgart 1958

Buchheim, Hans, *Anatomie des SS-Staates* (dtv 462/63) München 1967

Buchheim, Hans, *SS und Polizei im NS-Staat,* Selbstverlag der Studiengesellschaft für Zeitprobleme, Duisburg b. Bonn 1964

Buchheim, Hans, *Die SS in der Verfassung des Dritten Reiches,* in: Vierteljahreshefte für Zeitgeschichte, April 1955

Dallin, Alexander, *Deutsche Herrschaft in Rußland 1941–1945,* Düsseldorf 1958

Demant, Ebbo (Hrsg.), *Auschwitz – Direkt von der Rampe weg* (rororo aktuell 4431), 1979

Dörner, Klaus, *Nationalsozialismus und Lebensvernichtung,* in: Vierteljahreshefte für Zeitgeschichte 1967, S. 121ff.

Erhardt, Helmut, *Euthanasie und Vernichtung »lebensunwerten« Lebens* (Forum der Psychiatrie, Nr. 11), Stuttgart 1965

Fabry, Philipp W., *Regierungsrat Hitler.* Das Eintrittsbillet für eine politische Karriere, in: Damals, Zeitschrift für Geschichtliches Wissen, April 1979

Fest, Joachim, *Hitler.* Eine Biographie, Frankfurt/Berlin/Wien 1963

Frank, Hans, *Im Angesicht des Galgens,* 2. Aufl. Neuhaus 1955

Graml, Hermann, *Der 9. November 1938. »Reichskristallnacht«* (Schriftenreihe der Bundeszentrale für Heimatdienst, Heft 2), 6. Aufl. Bonn 1958

Gürtner, Franz, *Tagebuch des ehemaligen Reichsjustizministers,* Dokument PS 3751 im Staatsarchiv Nürnberg

Haffner, Sebastian, *Anmerkungen zu Hitler,* München 1978

Halder, Franz, *Kriegstagebuch.* Tägliche Aufzeichnungen des Chefs des Generalstabes 1939–1942, hrsg. vom Arbeitskreis für Wehrforschung 3 Bde., Stuttgart 1962–1964

Hausner, Gideon, *Die Vernichtung der Juden,* München 1979

Hausser, Paul, *Waffen-SS im Einsatz,* Göttingen 1953

Hegner, H. S., *Die Reichskanzlei 1933–1945,* Frankfurt/M. 1960

Henkys, Reinhard, *Die nationalsozialistischen Gewaltverbrechen – Geschichte und Gericht,* Stuttgart

Höhne, Heinz, *Der Orden unter dem Totenkopf.* Die Geschichte der SS, Gütersloh 1968

Hubatsch, Werner (Hrsg.), *Hitlers Weisungen für die Kriegführung 1939–1945.* Dokumente des Oberkommandos der Wehrmacht (dtv dokumente) 1965

Jäger, Herbert, *Verbrechen unter totalitärer Herrschaft* Olten/Freiburg 1967

Kempner, Robert, *Eichmann und Komplicen,* 2. Aufl. Stuttgart 1961

Kempner, Robert, *SS im Kreuzverhör,* München 1964

Kimmel, Günter, *Zum Beispiel: Tötungsverbrechen in nationalsozialistischen Konzentrationslagern,* in: NS-Prozesse, hrsg. von Adalbert Rückerl, Karlsruhe 1971

Klietmann, K.-G., *Die Waffen-SS – eine Dokumentation,* Osnabrück 1965

Kogon, Eugen, *Der SS-Staat.* Das System der deutschen Konzentrationslager, München 1974

Krausnick, Helmut, *Hitler und die Morde in Polen.* Ein Beitrag zum Konflikt zwischen Heer und SS in den besetzten Gebieten, in: Vierteljahreshefte für Zeitgeschichte 1963, S. 196ff.

Langbein, Hermann, *Menschen in Auschwitz,* Wien 1972

Maser, Werner, *Adolf Hitler,* München 1978

Meyer, Kurt, *Grenadiere,* München 1957

Mitscherlich, Alexander/Mielke, Fred, *Medizin ohne Menschlichkeit.* Dokumente des Nürnberger Ärzteprozesses (Fischer-Taschenbuch), 1978

Picker, Henry, *Hitlers Tischgespräche im Führerhauptquartier,* Stuttgart 1977

Prozeß gegen die Hauptkriegsverbrecher vor dem Internationalen Militärgerichtshof in Nürnberg (sog. Blaue Bände), Nürnberg 1947

Rauschning, Hermann, *Gespräche mit Hitler,* New York 1940

Reitlinger, Gerald, *Die Endlösung.* Hitlers Versuch der Ausrottung der Juden Europas 1939–1945, Berlin 1956

Rosenkranz, H., *»RIF«,* in: Monatsschrift »Die Gemeinde«, Wien, 30. Oktober 1968

Rückerl, Adalbert (Hrsg.), *NS-Vernichtungslager im Spiegel deutscher Strafprozesse* (dtv dokumente), 1977

Scheffler, Wolfgang, *Ausgewählte Dokumente zur Geschichte des Novemberpogroms 1938,* in: Politik und Zeitgeschichte. Beilage zur Wochenzeitung »Das Parlament« B 44/78, 4. November 1978

Schmidt, Paul, *Statist auf diplomatischer Bühne 1923–1945,* Bonn 1949

Schoenberner, Gerhard, *Der Gelbe Stern.* Die Judenverfolgung in Europa 1933–1945, Gütersloh 1960

Smith, Bradley F., *Heinrich Himmler. 1900–1926.* Sein Weg in den deutschen Faschismus, München

Speer, Alfred, *Erinnerungen,* Berlin 1969

Speer, Albert, *Spandauer Tagebücher,* Berlin 1975

Stein, George H., *Geschichte der Waffen-SS* (Athenäum/Droste Taschenbücher Geschichte), 1978

Streim, Alfred, *Zum Beispiel: Die Verbrechen der Einsatzgruppen in der Sowjetunion,* in: NS-Prozesse, hrsg. von Adalbert Rückerl, Karlsruhe 1971

Suzmann, Arthur/Diamon, Denis, *Der Mord an sechs Millionen Juden.* Die Wahrheit ist unteilbar, in: Politik und Zeitgeschichte. Beilage zur Wochenzeitung »Das Parlament« vom 29. Juli 1978

Wellers, Georg, *Die Zahl der Opfer der »Endlösung« und der Korherr-Bericht,* in: Politik und Zeitgeschichte. Beilage zur Wochenzeitung das Parlament vom 29. Juli 1978

Wiesenthal, Simon, *Der Neue Weg,* Österreichische Nationalbibliothek, Zeitschriftenstelle, Signatur 74 32 24 D
Nr. 15/18 v. 15.5.46 »RIF«
Nr. 19/20 »Seifenfabrik Belzec«
Nr. 21/22 »Nochmals RIF«

Wiesenthal, Simon, *Die Ausrottung der Zigeuner,* in: Doch die Mörder leben, München/Zürich 1967, S. 290ff.

Wulf, Joseph, *Martin Bormann – Hitlers Schatten,* Gütersloh 1962

PERSONENREGISTER

BILDNACHWEIS

Bildarchiv Preussischer Kulturbesitz Berlin: S. 58, 126; Bundesarchiv Koblenz: S. 147; Süddeutscher Bilderdienst München: S. 36, 45, 47, 86, 138, 145, 159, 165, 169, 173, 177, 181; Ullstein Bilderdienst, Berlin: S. 22, 30, 78, 114, 150.

7-1-9-8-9